Geef mij geloof

Want gelijk het lichaam zonder geest dood is, alzo is ook het geloof zonder de werken dood.

Jakobus 2:26

GEEF MIJ GELOOF

OP PAD MET DE TWAALF ARTIKELEN

Bram van der Horst

J/groen

Geef mij geloof
Op pad met de Twaalf Artikelen
Bram van der Horst

ISBN 978-90-8897-251-5
NUR 713
c-NUR 002

Boekverzorging: Corné van der Horst

Groen is onderdeel van Royal Jongbloed Publishing.

www.royaljongbloed.com

Inhoudsopgave

Voorwoord

Er komt veel op je af ... Het is dan ook begrijpelijk dat je soms twijfelt: Wat is eigenlijk waarheid? Waarom heeft de Koran het niet bij het juiste eind? Wie vertelt mij dat de Bijbel de Waarheid is?

Dit soort vragen laat ons zien dat het heel belangrijk is dat we ons in Gods Woord verdiepen. Fijn dat de schrijver ons met deze uitgave opnieuw daarbij helpt. Naast zijn in 2019 uitgegeven boekje over de Tien Geboden, geeft hij nu uitleg over de apostolische geloofsbelijdenis.

De inhoud is het waard om gelezen en onderzocht te worden; vooral biddend om het werk van de Heilige Geest, Die jouw hart kan overtuigen dat de Bijbel de Waarheid is. Jij staat immers zo persoonlijk in het leven. Je staat persoonlijk in rekening met God. Daarom is de diepe, geestelijke inhoud van de geloofsbelijdenis onmisbaar.

Het gaat om: ík geloof … De Heere wil het werken of versterken! Van harte hoop ik, met de auteur, dat de inhoud van dit boekje jou laat zien hoe goed en rijk het is om in de drie-enige God te geloven. Hier op aarde zal het nog altijd onvolkomen zijn. Wanneer je sterft in het geloof, gaat geloven over in aanschouwen, eeuwig verwonderen!

Kampen, november 2019
Ds. D.W. Tuinier

Inleiding

Na mijn boekje over de Tien Geboden, *Leer mij Uw weg*, gaat deze tweede uitgave over de Twaalf Artikelen van het geloof. Zoals het belangrijk is om je in de wet te verdiepen als leefregel voor onderweg, is het ook essentieel om je te verdiepen in wat het geloof inhoudt. Vaak worden deze artikelen gedachteloos opgezegd en dat vind ik bijzonder jammer!

Al schrijvend kwam ik er meer en meer achter hoe inhoudsvol deze geloofsbelijdenis eigenlijk is. Ze stempelt dagelijks het geloof van christenen over de hele wereld. Ondanks alle gebrokenheid die er is binnen de kerken en ook in de onderlinge verhoudingen, is er toch iets wat ons samenbindt. In de internationale diensten die ik af en toe heb bijgewoond, is het de gewoonte om samen hardop het geloof te belijden met het gezamenlijk opzeggen van de Twaalf Artikelen. Dan klinkt het tegelijkertijd uit de monden van mensen van allerlei nationaliteiten: 'Ik geloof in God, de Almachtige (…) en één christelijke kerk …' In het Nederlands, Farsi, Dari, Arabisch, Russisch, Engels, Frans … In gedachten zie ik het dan voor me: Een grote menigte uit alle volken, naties en talen. Samen maken ze hun Schepper groot. Samen loven en prijzen ze de God Die leeft in eeuwigheid, omdat Hij hen gekocht heeft uit de slavernij van deze wereld.

Het geloofsartikel over de Heilige Geest raakte mij in het bijzonder. Het klinkt dan kort: 'Ik geloof in de Heilige Geest.' Meer niet, maar wat heeft dat zinnetje een rijke inhoud! Wat zou de wereld er anders uitzien als Gods kinderen meer vervuld zouden zijn van de Heilige Geest. Niet alleen de wereld, ook de kerken zouden veranderen. Er zou meer van hen uitgaan. Van harte hoop en bid ik dat we met z'n allen daar wat meer van zullen laten zien. Het zou goed zijn voor onszelf én voor onze medelanders. In de wet gaat het over de liefde tot God, maar ook in de apostolische belijdenis draait het om de liefde tot die grote, almachtige en eeuwige God.

Hem zij alle lof en eer vanwege Zijn onbegrijpelijke liefde tot zondaren. Ik hoop en bid dat dat ons leven tekent en inkleurt. Dan worden heel veel dingen die zo belangrijk lijken, heel onbelangrijk. Er is immers zo veel wat ons afleidt van datgene waar het werkelijk om draait: leven tot eer van onze Schepper. Het geloof geeft houvast in een maatschappij waarin iedereen achter een ander aan loopt. Het geloof in God is het enige wat echt houvast biedt. Bovendien is het vooruitzicht van dat geloof zeker: Jezus komt! Hij komt met de wolken en zal Zijn volk opnemen in Zijn heerlijkheid. Vertroost elkaar hiermee!

De opzet van dit boekje is gelijk aan de opzet van *Leer mij Uw weg*. Elk hoofdstuk begint met een verhalend voorbeeld als inleiding op het artikel dat aan bod komt. Aan het einde van het hoofdstuk staat een aantal vragen over het voorgaande. Deze vragen kunnen helpen bij gebruik in een tienergroep, in het gezin, of bij persoonlijk gebruik.

Graag zie ik dat zowel jongeren als ouderen zich meer bewust zijn van de betekenisvolle inhoud van de Twaalf Artikelen en het houvast dat deze geven in het dagelijkse leven. Hopelijk draagt deze uitgave daaraan bij.

Kampen, 2019
Bram van der Horst

Over de Twaalf Artikelen

Geloven

'Ik geloof er dus helemaal niets van: dat er een soort god bestaat die alles gemaakt heeft en iedereen in de gaten houdt.' Carolien zucht. 'Ik kan me niet voorstellen dat er mensen zijn die zich bij zo'n geloof gelukkig voelen.'

'Toch is dat precies wat ik geloof. Daarbij komt dat het voor mij juist heel veilig voelt dat God mij altijd ziet, en dat ik op elk moment, ook als ik het moeilijk heb, bij Hem terecht kan.' Jolanda's stem klinkt heel rustig, maar ze bidt voortdurend of de Heere haar de juiste woorden wil geven.

'Jij wordt rustig als je Hem om hulp vraagt?' Carolien kijkt haar wantrouwend aan. 'Hoe kan dat dan? Je zei net dat die God van jou alles weet en ziet. Ja, dat Hij zelfs in de toekomst kan kijken. Hoe kan het dan dat er toch iets verandert wanneer je bidt? Hij weet toch alles? Als het altijd gaat zoals Hij wil, heeft bidden geen nut, lijkt me. Ik zal nooit iets van jouw geloof snappen.'

'God weet ook dat ik ergens om ga bidden, dus Hij verhoort het gebed dat Hij van tevoren al kent.' Jolanda zucht.

Wat is dit moeilijk! Haar collega is niet vijandig, maar het geloof is zo moeilijk uit te leggen! Voor haar is het zo helder, tenminste, meestal wel, maar als je niet christelijk bent opgegroeid, klinkt het allemaal niet zo logisch.

Carolien lijkt erover na te denken en zegt dan: 'Ik begrijp dat het een kwestie van geloof is. Iets wat je gelooft, is niet zeker, dus kan de een in Allah geloven en de ander in Brahman of in God. Zeker weten zullen we het nooit.'

'Volgens mij zie je dat verkeerd. Mijn geloof is niet onzeker. Het is juist heel zeker, en dat geeft mijn leven inhoud. Ik zou er niet aan moeten denken dat het geloof onzeker zou zijn.'

'Eh ... Je zegt toch ook: "Ik geloof dat het morgen gaat regenen"? Je weet het niet zeker: je gelooft het.'

'Dat is echt een heel ander soort geloof. Het geloof in de God van de Bijbel staat bij mij boven elke vorm van twijfel. Dat geloof geeft mij houvast in mijn leven. Het geeft rust dat ik alles in Gods handen kan leggen.'

'Ik zal het echt nooit begrijpen, hoewel ik wel een beetje jaloers op je ben, nu je zegt dat het geloof je rust geeft.'

Apostolisch

De 'Twaalf Artikelen' van het geloof worden ook de 'Apostolische Geloofsbelijdenis' genoemd. Let wel, de apostelen hebben deze belijdenis niet opgesteld. Ze hebben deze zelfs nooit gehoord. Pas lang nadat de apostelen gestorven waren, is deze belijdenis ontstaan. De Twaalf Artikelen zijn wel gebaseerd op het geloof zoals de apostelen het overgeleverd hebben. Daarnaast hebben ze een samenbindende functie. Dat wil zeggen dat in de volle breedte van de christelijke kerk deze geloofsbelijdenis gebruikt wordt. Wat is het toch geweldig mooi dat in alle kerken deze geloofsbelijdenis een plaats heeft! Hoe verschillend de kerken ook zijn en hoe verschillend er ook gedacht wordt over dingen, hierin zien we toch een eenheid.

De volgorde van de inhoud komt overeen met de doopformule: 'Ik doop je in de Naam van God de Vader, en God de Zoon, en God de Heilige Geest.' Artikel 1 gaat over God de Vader. De artikelen 2 tot en met 7 gaan over God de Zoon. De laatste artikelen (8 tot en met 12) gaan over God de Heilige Geest en het werk van de Heilige Geest.

Voor zover wij weten, is de eerste vorm van deze

geloofsbelijdenis geschreven door Ireneüs van Lyon (140-202), een van de eerste theologen van de kerk. Ireneüs werd geboren in het huidige Izmir, in Turkije. Later werd hij bisschop van Lyon, in Frankrijk. De geloofsbelijdenis die hij opschreef, luidt als volgt:

Wij geloven:

1. *in één God en Vader almachtig, Die hemel en aarde maakte, en de zee en al wat daarin is;*
2. *en in één Christus Jezus, de Zoon van God, onze Heere;*
3. *Die vlees geworden is uit de maagd tot ons behoud;*
4. *en in Zijn lijden onder Pontius Pilatus;*
5. *en in Zijn dood en opstanding;*
6. *en in Zijn lichamelijke vaart ten hemel;*
7. *en in Zijn wederkomst uit de hemel in de heerlijkheid van de Vader om alle dingen onder één Hoofd te vergaderen en over allen een rechtvaardig oordeel uit te spreken;*
8. *en in de Heilige Geest;*
9. *en dat Christus zal komen van de hemel om alle vlees op te wekken, en de goddelozen en onrechtvaardigen te verwijzen naar het eeuwige vuur;*

10. *en om aan de rechtvaardigen en heiligen onsterfelijkheid en eeuwige heerlijkheid te geven.*
(Bron: https://nl.wikipedia.org/wiki/Apostolische_geloofsbelijdenis)

Tijdens het Eerste Concilie van Nicea (325) is deze belijdenis voor een groot deel overgenomen en vastgesteld als de Apostolische Geloofsbelijdenis. Aan de belijdenis van Ireneüs zijn twee artikelen toegevoegd (artikel 9 en 10).

De Twaalf Artikelen luiden als volgt:

1. *Ik geloof in God de Vader, de Almachtige, Schepper van de hemel en de aarde.*
2. *En in Jezus Christus Zijn eniggeboren Zoon, onze Heere;*
3. *Die ontvangen is van de Heilige Geest, geboren uit de maagd Maria;*
4. *Die geleden heeft onder Pontius Pilatus, is gekruisigd, gestorven en begraven, nedergedaald ter helle;*
5. *ten derden dage wederom opgestaan van de doden;*
6. *opgevaren ten hemel, zittende aan de rechterhand van God, de almachtige Vader;*

7. *vanwaar Hij komen zal om te oordelen de levenden en de doden.*
8. *Ik geloof in de Heilige Geest.*
9. *Ik geloof één heilige, algemene christelijke Kerk, de gemeenschap der heiligen;*
10. *vergeving van de zonden;*
11. *wederopstanding van het vlees [lichaam];*
12. *en een eeuwig leven.*

In de latere kerk spelen de Twaalf Artikelen een grote rol. Ergens las ik dat iemand die zich vroeger bij de kerk wilde voegen, na het voorlezen van elk artikel antwoordde met: 'Ik geloof.' Na deze belijdenis werd de persoon gedoopt. Of het helemaal waar is, kunnen we niet meer controleren, maar wat mij betreft zouden we dat best weer in kunnen voeren.

In de Heidelbergse Catechismus – bedoeld om de jongeren in de gemeente uit te leggen wat het christelijke geloof inhoudt – worden de Twaalf Artikelen behandeld in Zondag 7 tot en met 22. De artikelen zelf horen we elke week in de middag- of avonddienst in de kerk. Eigenlijk moet ik zeggen: elke week belijden we in de kerk ons geloof aan de hand van de Twaalf Artikelen. Veel dominees en ouderlingen zeggen voorafgaand aan het opzeggen van de belijdenis: 'eenieder spreke in zijn of haar hart aldus ...' Ook zijn er veel kerken waar deze belijdenis hardop door alle aanwezigen wordt opgezegd. In de reformatorische kerken is dat niet de gewoonte en we hopen dat ieder het wel in zijn of haar hart zegt.

Nog een laatste noot voordat ik de artikelen een voor een ga uitwerken. De Twaalf Artikelen beginnen met de twee woorden 'ik geloof'. Twee woorden, waarvan het eerste erop wijst dat het hier om een persoonlijk beleven gaat. Ik geloof. Dus niet omdat een familielid zegt dat het zo is of een dominee, nee: ík geloof dit. Het is iets heel persoonlijks. Het tweede woord wijst op het geloven zelf. 'Ik geloof' betekent hier iets waar je houvast aan hebt. Een stevig houvast; een vast vertrouwen in God. Dit geloven is een bewijs van zaken die je niet kunt zien (Hebr. 11). Er is dus geen enkele twijfel: ik geloof in God. Hij bestaat en zorgt voor Zijn schepping. Ik maak deel uit van die schepping. Als ik dus niet geloof dat God de

Schepper is van alle dingen, heb ik aan deze geloofsbelijdenis geen houvast.

Voor vandaag

Deze geloofsbelijdenis is opgesteld in een periode van strijd en vervolging. Tegenwoordig kennen wij in ons land vrijheid, toch kan de strijd in onszelf zitten. De satan zaait twijfel in je hart en jij vraagt je af of het allemaal wel waar is. Zeg dan gerust tegen de satan, die bedrieger: 'Ik geloof!' Roep echter op hetzelfde moment naar de Heere: 'Heere, neem mijn ongeloof weg!'

Geloven is een persoonlijke zaak. Veel mensen in de kerk zeggen wel de geloofsbelijdenis op, maar geloven niet. Ze denken niet meer na bij de woorden die ze uitspreken. Het zijn bekende, vertrouwde klanken geworden, die voor hen geen enkele betekenis meer hebben. Dode letters, zal ik maar zeggen. Hopelijk is dat bij jou anders! Anderen zeggen: 'Geloof moet je van God krijgen. In de Bijbel staat immers dat het geloof een gave van God is.' Dat klopt, dat staat er ook, lees maar in Efeze 2:8: 'Want uit genade zijt gij zalig geworden door het geloof; en dat niet uit u, het is Gods gave ...' God geeft het geloof. Dat klopt helemaal, maar als je gaat zitten wachten tot God je het geloof geeft, ben je toch verkeerd bezig. Zoals er nergens staat dat jij je moet laten bekeren, zo geeft de Bijbel ook geen opdracht om te wachten tot God je het geloof schenkt. In preken moet zelfs het bevel gegeven worden om te geloven. (Lees maar in de Dordtse Leerregels hoofdstuk 2, paragraaf 5: preken 'met bevel van bekering en geloof'.)

Vragen

1. Lees Hebreeën 10:21-24. Hier zegt de apostel belangrijke dingen voor je eigen leven, maar ook voor het gemeente-zijn. Wat leer je er voor jezelf uit en wat over jouw omgang met gemeenteleden?

2. Wat betekenen de Twaalf Artikelen voor je als je onbekeerd bent? Wat is hun betekenis wanneer je bekeerd bent?

3. Wat is het verschil tussen je geloof belijden en je zonden belijden?

4. Waarom is het belangrijk dat alle christenen dezelfde belijdenis hebben?

Artikel 1

Ik geloof in God de Vader, de Almachtige,
Schepper van de hemel en de aarde.

Erik staart naar het scherm van zijn mobieltje en voelt het bloed uit zijn gezicht wegtrekken. Hij slaat zijn hand voor zijn mond en gaat op zijn bed zitten. Dit is echt verschrikkelijk! Hij herleest het appje van Gerdien en probeert voor zich te zien wat er gebeurd is. In het berichtje schrijft ze dat de auto van Tim en Arnaud van de weg is geraakt en dat zijn beide vrienden in het ziekenhuis liggen. Arnaud zou er slecht aan toe zijn.

Erik staart voor zich uit en voelt dat er een rilling over zijn rug loopt. Zijn boosheid, die hij de hele avond voelde, is weg. Hij kan nog niet goed nadenken, maar dit weet hij wel: hij zit hier, gezond en wel, terwijl zijn vrienden … Hij durft niet verder te denken. Langzaam staat hij op, loopt zijn slaapkamer uit en gaat de trap af. Bij de kamerdeur twijfelt hij even. Hoe zal hij het nieuws aan zijn ouders brengen?

Dan duwt hij de kamerdeur open. Zijn vader zit in zijn stoel met de krant op schoot en zijn moeder zit op de bank zijn zusje te overhoren. Zijn moeder kijkt als eerste op en schrikt zichtbaar. 'Wat is er met jou?' vraagt ze bezorgd. Ook zijn vader kijkt nu op van zijn krant.

'Ik …' stamelt Erik, maar hij komt niet uit zijn woorden.

Het stormt in zijn gedachten, maar de woorden vinden geen uitweg. Daarom loopt hij naar zijn vader en geeft hem zijn mobieltje. 'Lees maar', fluistert hij.

Zijn vader neemt de mobiel van hem aan en leest. Dan kijkt hij zijn zoon verschrikt aan. 'Wat verschrikkelijk, Erik.' Zijn moeder leest het bericht nu ook en slaat haar hand voor haar mond.

Erik gaat zitten en verbergt zijn gezicht in zijn handen. Zijn woorden komen gesmoord tussen zijn handen vandaan, wanneer hij zegt: 'Als jullie het goedgevonden hadden dat ik meegegaan was, dan had ik ook …'

Betekenis

In dit eerste geloofsartikel komen drie onderwerpen aan bod. In de eerste plaats het geloof in God de Vader. In de tweede plaats dat Hij almachtig is en in de derde plaats dat Hij de Schepper is van alles. We gaan deze punten een voor een bekijken.

(Ik geloof in) God de Vader

God maakt Zich in de Bijbel bekend als de Vader van de Heere Jezus Christus, én van Zijn andere kinderen, want Jezus zegt: 'Laat uw licht alzo schijnen voor de mensen, dat zij uw goede werken mogen zien, en uw Vader, Die in de hemelen is, verheerlijken.' (Matth. 5:16) God de Vader is ook Vader van al Zijn kinderen, omdat Jezus Christus voor hun adoptie betaald heeft. Er is geen enkele andere godheid die zich als een vader laat aanspreken, dan de God van de Bijbel. Wat zit daar veel troost en zorg in! Hij zorgt voor ons, zoals een vader voor zijn kinderen zorgt. Hij is het Begin van ons leven, want Hij maakte ons. Dit Vader-zijn gaat nog verder dan Schepper-zijn. Zijn Vaderschap geeft aan dat Hij een persoonlijke relatie met ons heeft. Een vader is geen vreemde; niet iemand op afstand, maar iemand die zorgt, beschermt, corrigeert. Ja, dat laatste ook.

De opzet van deze geloofsbelijdenis is gebaseerd op de doopformule. Daarom wil ik wijzen op het feit dat Hij in de doop belooft Zijn Vaderlijke zorg en liefde over ons te willen uitgieten (Joël 2:28). Een goede vader laat zijn kind niet in de steek, maar heeft het beste met zijn kind voor. Zeker met een kind dat extra zorg nodig heeft, omdat het in de problemen gekomen is. Zo ook de hemelse Vader. Daar wijst

Petrus in zijn eerste brief op: 'Werpt al uw bekommernis op Hem, want Hij zorgt voor u.' (5:7)

Het Vaderschap van God is dus van grote betekenis voor al Zijn kinderen. Door alle eeuwen heen. Paulus schrijft: 'En Ik zal u tot een Vader zijn, en gij zult Mij tot zonen en dochters zijn, zegt de Heere, de Almachtige.' (2 Kor. 6:18)

De Almachtige

In de tweede plaats zien we in dit eerste artikel vermeld dat God de Almachtige is. Kortweg betekent het dat Hij alles kan. Er is voor Hem geen ding onmogelijk, dat zegt de engel ook tegen Maria bij de aankondiging van de geboorte van Jezus. Hij zegt dat Elizabet, de onvruchtbare nicht van Maria, een zoon gaat baren: 'Want geen ding zal bij God onmogelijk zijn.' (Luk. 1:37) Als we proberen te bedenken dat God van elke persoon op deze wereld alle gedachten weet, dat er niets op de hele wereld gebeurt zonder dat Hij het bestuurt, dan moet het ons wel duizelen. Elke vleugelslag van elk insect wordt door God bestuurd. Als jij dit soort dingen op je laat inwerken, kan het niet anders dan dat jij je heel klein voelt. Klein tegenover die grote, almachtige, hemelse Majesteit. Dan wordt het een groot wonder voor je dat God Zich met kleine, nietige mensjes, zoals jij en ik, bemoeit.

Een klein voorbeeld van Gods grote macht is wat een man overkwam die in de kerk bijzonder vertroost werd door een preek die hij hoorde. Het ging om een preek die gelezen werd, omdat de gemeente geen eigen dominee had. De ouderling die de preek uitzocht en las, wist niets van de problemen van deze man af, maar God kende zijn moeilijkheden wel. Ook de dominee die de preek jaren eerder schreef, had niet kunnen bedenken dat deze woorden iemand zo bijzonder zouden vertroosten. God wist echter precies wat die ene man daar in die kerkbank nodig had.

Hij bestuurt alle dingen in ons leven en van alle mensen om ons heen. Voor God bestaan er geen toevalligheden, hoewel wij situaties wel vaak zo ervaren. Wat is de Heere toch groot en goed! Gelukkig is Gods almacht niet gestopt na de schepping van het heelal.

Schepper van de hemel en de aarde
Het derde deel in het eerste geloofsartikel gaat over de schepping van de aarde en alles wat erop, erin en eromheen is. De schepping kun je niet los zien van Gods almacht. Hij maakte alle dingen, zoals Paulus in zijn brief aan Kolosse schrijft: 'Want door Hem zijn alle dingen geschapen, die in de hemelen en die op de aarde zijn, die zienlijk en die onzienlijk zijn ...' (1:16) 'Zienlijk' betekent zichtbaar en 'onzienlijk' is onzichtbaar. Dus alles wat je kunt zien, is gemaakt door God of van iets wat door God gemaakt is. Een auto is door arbeiders gemaakt, maar wel van materiaal dat uit de grond komt. God maakte de grondstoffen. God maakte ook de onzichtbare dingen zoals geluid, radiogolven en straling.

God legde de mogelijkheden zo'n zesduizend jaar geleden in Zijn schepping. In de loop van de tijd komen mensen er meer en meer achter wat allemaal kan. God heeft het er eeuwen geleden al ingelegd. Ook dat geeft Zijn almacht weer. Er is bij God geen ding onmogelijk: Hij is de Almachtige. Juist door de schepping van iets uit niets, zien we Gods almacht.

Bovendien laat Hij Zijn eigendom – Zijn schepping – niet aan zijn lot over. Hij zorgt ervoor zoals een vader zorgt voor zijn gezin; niet alleen nu, maar ook in de toekomst! Hij gaat als Schepper ook de nieuwe hemel en de nieuwe aarde maken. Die zullen nog veel mooier zijn dan de natuur die we nu om ons heen zien.

Voor vandaag

De drie onderdelen van dit geloofsartikel zijn heel nauw met elkaar verbonden. Dat zagen we hierboven al. Dat zien we ook als we naar de betekenis voor vandaag kijken. Dat God Zich in de Bijbel laat zien als Vader, geeft troost. Hij noemt Zich Vader, omdat dat een begrip is dat wij kennen. Een vader gaat liefdevol met zijn kinderen om, zorgt voor hen. Hij leidt zijn kinderen naar de volwassenheid. Kleine kinderen neemt hij bij de hand en als ze groot worden, staat hij ze met raad en daad bij. Welke vader zou zijn kind een steen geven, wanneer het om een boterham vraagt (Luk. 11:11)? Een vader is niet alleen de gever van dingen die kinderen fijn vinden, hij moet ook weleens streng zijn en zijn ondeugende kind straffen.

In dat straffen zie je – als het goed is – toch de liefdevolle vader. Hij straft niet omdat hij daar plezier in heeft, maar omdat zijn kind dat nodig heeft. Ook de hemelse Vader moet Zijn kinderen op aarde nogal eens terechtwijzen. Daarmee blijft Hij wel onze Vader. Een vader straft trouwens alleen zijn eigen kinderen, niet de kinderen van de buurman. Denk er maar even over na, wat dit voor jou betekent!

Helaas zijn er vaders die de titel 'vader' niet waard zijn, omdat ze hun kinderen mishandelen of, nog erger, misbruiken. Zulke vaders zorgen ervoor dat hun kinderen een verknipt beeld krijgen van het vaderschap. Dat zulke kinderen moeite hebben om een goed beeld van de hemelse Vader te krijgen, is dan ook begrijpelijk. Wat een troost om te weten dat de hemelse Vader volmaakt liefdevol is. In Zijn rechtvaardigheid is Hij vol van liefde voor Zijn hele schepping. De satan kan je influisteren dat God vast jouw Vader niet wil zijn, zoals jij leeft. De Bijbel laat gelukkig een ander geluid horen. Zeg op zulke momenten maar tegen de satan: 'Ik geloof jou niet, ik geloof in God de Vader!'

Daarnaast biedt Gods almacht ons troost. Hij kan alles. Daarbij moeten we wel eerlijk stellen dat Hij niet alles doet wat Hij kan. Jazeker, Hij verhoort gebeden. Soms op een wonderlijke manier. Het komt echter ook voor dat Hij gebeden niet verhoort. Lees bijvoorbeeld wat Paulus hierover zegt: 'Hierover heb ik de Heere driemaal gebeden, opdat hij [de engel van de satan] van mij zou wijken. En Hij [God] heeft tot mij gezegd: Mijn genade is u genoeg ...' (2 Kor. 12:8-9) In deze situatie kreeg Paulus dus niet zijn zin, maar gaf God hem wat Hij vond dat Paulus nodig had. Als een zorgzame vader.

Verder zien we dat God de Schepper van alle dingen is. Sinds de evolutietheorie die door C.R. Darwin (1809-1882) in gang is gezet, komt de bijbelse waarheid steeds meer onder druk te staan. Er zijn zelfs christenen die meegaan in bepaalde denkbeelden van deze theorie. 'Wat maakt het uit in hoeveel dagen God de wereld maakte?' zeggen ze. 'Hij maakte haar en dat is veel belangrijker dan het tijdsbestek.' Het doet inderdaad niets af aan de macht van God, maar zulke denkbeelden doen wel af aan de waarheid en betrouwbaarheid van de Bijbel, die duidelijk over zes dagen spreekt. Wanneer je gaat twijfelen aan een deel van de Bijbel, is het einde immers zoek: welk deel is dan nog wel betrouwbaar? Die theorie ondergraaft dus de betrouwbaarheid van Gods Woord.

God schiep alles. Daarmee erkennen wij dat Hij de Eigenaar is van alles. Ook van jou en mij. Wij zijn Gods eigendom; een eigendom waarvoor Hij goed zorgt. Daarnaast geeft het ons een verantwoordelijkheid naar Hem toe. We kunnen niet zomaar alles met Zijn schepping doen. We moeten goed voor Zijn bezit zorgen. Dat betekent dat jij je niet onnodig aan gevaar mag blootstellen, en dat je geen schadelijke dingen hoort te gebruiken.

Vragen

1. Lees Hebreeën 12:5-7. Zie je verschil tussen hoe God Zijn kinderen behandelt en hoe Hij degenen die Hem niet kennen behandelt? Zo ja, wat is het verschil?

2. In Maleachi 1:6 staat: 'Een zoon zal de vader eren, en een knecht zijn heer; ben Ik dan een Vader, waar is Mijn eer? En ben Ik een Heere, waar is Mijn vreze? zegt de HEERE der heerscharen …' Hoe moet een kind van God zich tegenover de hemelse Vader gedragen? Noem minstens vijf houdingen.

3. Lees Psalm 103:7 in de berijmde versie. Wat doet de Vader hier? Komt de tekst overeen met de onberijmde Psalm (vers 13-14)?

4. Wat kun je van Psalm 103 leren, wanneer je zelf vader of moeder bent?

Artikel 2

En in Jezus Christus Zijn eniggeboren Zoon,
onze Heere ...

Agent Jorissen legt de hoorn van de telefoon neer en kijkt Daan nadenkend aan. Hij kan deze situatie niet begrijpen, maar dat wordt niet van hem gevraagd. Het is vreemd dat de directeur van Arondes dit doet. Ondertussen kijkt Daan de agent afwachtend aan. Gaat er nog wat gebeuren, of niet? Zijn handboeien zitten niet echt lekker en hij is het zat om hier in dit kille hok te zitten tegenover een agent die constant doorzeurt over wat hij gedaan heeft en hoe hij het gedaan heeft.

'Je bent vrij', zegt de agent na een tijdje. 'Meneer Arondi heeft de aanklacht ingetrokken.'

Niet-begrijpend kijkt Daan hem aan. Is dit een nieuwe tactiek om hem aan het praten te krijgen?

'Op één voorwaarde', vervolgt Jorissen. 'Meneer Arondi wil dat je naar zijn huis gaat. Nu meteen.'

'Wat moet ik daar doen?' Daan begrijpt er niets van. 'Of wat gaat hij doen? Straks laat hij me in elkaar slaan door zijn personeel.'

Jorissen kijkt hem peinzend aan en vervolgt dan: 'Ik hoor wel dat jij deze man niet kent. Je hoeft niet bang te zijn.'

Twintig minuten later staat Daan voor de deur van een kast van een huis. Het ziet er allemaal erg duur uit en de moed zakt hem in de schoenen. Kon hij maar weg! Hij kijkt naar de straat en ziet de politieauto staan, die hem heeft afgezet. Agent Jorissen wil vast zeker weten dat hij ook echt aanbelt. Op het moment dat Daan op de glimmende knop van de bel wil duwen, zwaait de voordeur open. 'Zo jongeman, ik ben blij kennis met je te maken.' Een kleine man – gitzwart haar, in een wit overhemd en kleurige stropdas – steekt hem zijn hand toe. 'Arondi', zegt hij vriendelijk.

'Daan Westerhuis.' Het komt er een beetje zielig uit.

'Kom binnen, ik wil even met je praten.' Meneer Arondi stapt opzij om hem door te laten. 'Je zult wel zin in een bakje koffie hebben, na al die uren in het politiebureau.'

Als Daan later naar huis loopt, kan hij zijn verbazing nog geen plek geven. Meneer Arondi is een erg vriendelijke man. Daan heeft zelfs een baan bij Arondes gekregen!

Betekenis

En in Jezus ...

De Naam Jezus betekent, zoals je natuurlijk al weet, 'Zaligmaker'. Jezus is op aarde gekomen om zalig te maken; om onzalige mensen te redden van de ondergang. In de Twaalf Artikelen wordt niet verteld waaróm de mens van de ondergang gered moet worden, of waar die ondergang – die ellende – vandaan komt. Misschien werd in de Vroege Kerk ervan uitgegaan dat het te vanzelfsprekend was om te vermelden. Toch blijft het een feit dat door de ongehoorzaamheid van onze eerste voorouders, Adam en Eva, de zonde in de wereld gekomen is. Al hun kinderen zijn sindsdien erfelijk belast met zonden. Ze staan daarmee schuldig tegenover de heilige Schepper. Om weer een relatie met God aan te kunnen gaan, moet de mens die schuld zien kwijt te raken. Daar gaat dit artikel over.

'Ik geloof in Jezus' betekent dus eigenlijk: 'Ik geloof in de mogelijkheid van zalig worden.' Wat is 'zalig' precies? Er zijn mensen die dit woord op een verkeerde manier gebruiken. In sommige streken van ons land kom je nogal eens een verkeerd gebruik van het woord 'zalig' tegen. Zo zegt men weleens: 'Wat een zalig stukje kaas is dit!' Bedoeld wordt dat het stukje kaas erg lekker is. Of: 'Ik heb een zalig weekeinde gehad.' Je begrijpt dat het hier om een andere zaligheid gaat. In een woordenboek uit 1993 vond ik bij het woord 'zalig' de volgende betekenis: 'Het eeuwige heil deelachtig; van het verderf gered.' Dat is precies wat de bijbelse waarheid inhoudt: Jezus gaf Zijn leven voor het eeuwige heil van mensen. Hij is de enige Zaligmaker. Petrus zegt dat er geen andere Naam op aarde gegeven is, door wie wij zalig moeten worden (Hand. 4:12). Moeten én kunnen!

Christus

Na de belijdenis in Jezus te geloven, volgt het woord 'Christus': ik geloof niet alleen in Jezus de Zaligmaker, maar ook in Christus. Wat is het verschil? Eigenlijk is Christus geen naam maar een titel, een ambt. 'Christus' betekent 'de Gezalfde'. Dat houdt in dat Hij gezalfd is met een bepaald doel, met een bepaalde opdracht. Je hoort in de kerk vaak dat Jezus Christus gezalfd is als Priester, Koning en Profeet.

Ten eerste als Priester. Tijdens de instelling van de ceremoniële wetten bij de Sinaï, werd Aäron tot hogepriester gezalfd en zijn zonen tot priester. Het ambt van priester hield in dat zij moesten offeren, bidden en zegenen. Jezus offerde Zichzelf en ging door Zijn eigen bloed de hemel in om verzoening te volbrengen voor Zijn volk. Ten tweede is Jezus gezalfd als Koning.

Saul en David werden tot koning gezalfd om te regeren, te besturen. Zo regeert Jezus als gezalfde Koning over Zijn Kerk. Ten slotte is Jezus gezalfd als Profeet. We zien in de profetieën van Jesaja (61), Ezechiël (28) en Habakuk (3) verwijzingen naar de grote Gezalfde in het Nieuwe Testament; Jezus de Gezalfde, de Christus. Hij is door God de Vader gezalfd met de Heilige Geest om een blijde boodschap te brengen; om het Evangelie te verkondigen dus. Tevens is Hij gezalfd om gebonden mensen opening van gevangenis te schenken. Mensen die gebonden zijn in de macht van de satan, gaat Hij bevrijden, door hen los te maken van de slavenbanden. Daarnaast verbindt Hij de gebrokenen van hart. Zoals een EHBO'er iemand verbindt die bloedend op straat ligt, zo verbindt Christus mensen met een gebroken hart. Een gebroken hart heeft met liefde te maken. Als je zo veel van de Heere houdt en toch telkens tegen Hem zondigt en in opstand komt, kan je hart breken van liefdesverdriet. Christus komt dan en verbindt je hart met Zijn eeuwige liefde. Hij giet Zijn liefde in je gewonde hart en geneest het. Bovendien bidt Hij in de hemel als de grote hemelse Priester, voor hen die Hij hier op de aarde verbonden heeft.

Zijn eniggeboren Zoon
Wij geloven dat Jezus de enige Zoon van de Vader is. In de belijdenis van Athanasius (achter in je bijbel) staat dat de Vader en de Zoon en de Heilige Geest één zijn. Hoe kunnen Vader en Zoon één zijn? Dat kan ik niet uitleggen, omdat ik het ook niet begrijp. Als ik God zou begrijpen, zou ik boven Hem staan. Wij, nietige mensjes, willen het misschien wel graag, maar het is echt onmogelijk om God te begrijpen. Daarom leren we wat God over Zichzelf zegt in de Bijbel. Besef daarbij wel dat God met menselijke woorden aan ons vertelt Wie Hij is. Die woorden kunnen slechts een benadering weergeven van Wie God echt is.

Vaak wordt gezegd dat de islam lijkt op het christendom, maar in dit artikel zien we het grote verschil: de islam erkent Jezus niet als Zoon van God en dus ook niet als Verlosser van Zijn Kerk. Wij geloven dat Jezus de eniggeboren Zoon van de Vader is. Naast deze enige Zoon neemt God nog een heleboel kinderen aan. De prijs van die adoptie heeft Jezus Christus betaald met Zijn eigen leven. Wat een bijzonder wonder dat

Hij dat wilde doen; dat zondige mensen bij Hem aan tafel mogen zitten als echte, eigen kinderen!

Onze Heere

Hij is de Heere. Dat betekent 'de Bezitter'. Omdat Hij Zijn volk gekocht heeft met Zijn eigen bloed, is Hij zijn Eigenaar. Er staat trouwens 'onze' Heere. Hoewel deze geloofsbelijdenis over een heel persoonlijk geloven gaat, zeggen we toch: onze Heere. Klopt dat dan wel? Ja, ik belijd hier dat Jezus niet alleen mijn Heere, maar ook onze Heere is. Dit grijpt al een beetje vooruit naar artikel 9, waar we belijden dat we geloven in de gemeenschap der heiligen. In het geloof staan we niet alleen. Jezus is Heere van Zijn hele Kerk, waar die ook op deze wereld is. Niet alleen van mij als privépersoon, maar veel breder: van Zijn hele Kerk. Van alle broeders en zusters; blank, rood, geel, lang, kort, sterk, zwak, snel, langzaam, hoogbegaafd, zwakbegaafd … allemaal. Dit is toch wel het bewonderen waard! Hij wil Heere zijn van allerlei mensen. Ook van mensen die wij er nooit bij zouden plaatsen. Denk maar eens aan koning Manasse, die zijn kinderen verbrandde in de armen van de afgod (2 Kron. 33)! Ik zou niet bedacht hebben dat deze man bekeerd zou kunnen worden. Toch wilde God ook hem erbij hebben. Dit verhaal staat in de Bijbel om aan ons te laten zien dat er zelfs voor de grootste zondaar redding mogelijk is. Wat is het dan heerlijk om te geloven in onze Heere!

Voor vandaag

Dat Jezus Christus in deze wereld gekomen is om zondaren zalig te maken, is nog vrij gemakkelijk te geloven. Om te geloven dat Hij mijn persoonlijke Zaligmaker is, heeft wat meer voeten in de aarde. Dan komt het aan op de zekerheid van het geloof en praten we toch wel over een persoonlijke beleving. Hier stuiten we op een moeilijk probleem. Wanneer mag je zeggen dat Jezus jouw persoonlijke Zaligmaker is? Wanneer kun je zeggen dat je zalig bent en deelhebt aan de eeuwige vrede?

Het antwoord is zowel moeilijk als gemakkelijk: als je zo veel van de Heere houdt dat je alles voor Hem overhebt – alles is veel, hoor! – en daarnaast je volledig aan Hem overgeeft en Hem je hele leven toevertrouwt. Je schaamt je niet voor jouw Zaligmaker en Heere, maar je wilt juist van Hem getuigen. Wanneer jij bij jezelf merkt dat jij je ervoor schaamt om een christen genoemd te worden, is er niet veel liefde. Stel je voor dat ik mij zou schamen voor mijn vrouw en dat ik liever niet met haar in het openbaar gezien zou willen worden. Je zou mij een ontaarde, liefdeloze echtgenoot vinden. Je hebt gelijk ook!

Er worden in de Bijbel drie soorten liefde genoemd: *philia*, *agapè* en *eros*. *Philia* is kameraadschappelijke liefde; goede vrienden, zeg maar. Bij *agapè* praten we over de onbaatzuchtige liefde. Beide partijen cijferen zichzelf weg voor elkaar; hebben alles voor elkaar over. *Eros* draait om de belichaming van de liefde. Wanneer we het hebben over de liefde tussen de Heere en Zijn kinderen, gaat het over de tweede: *agapè*. God heeft alles voor Zijn kind over, zelfs het leven van Zijn eigen Zoon! Het kind van God heeft alles voor Hem over, zelfs zijn hele leven! Wat is dit lastig, hè?

Sommige kinderen van God hebben een groot geloof gekregen. Zij zeggen volmondig 'ja', als je vraagt of ze een kind van God zijn. Voor degenen met een zwak of klein geloof ligt het wat moeilijker. Als je die liefde tot Jezus niet voelt, bid dan de Heere om liefde tot Hem, om geloof en zaligheid! Hij kan je zalig maken en Hij wil het ook. Het geloven in Jezus Christus, onze Heere, houdt ook in dat we geloven in de vergeving van zonden en het eeuwige leven. Maar daarover later meer.

Er is veel meer genade dan voor één persoon, want je gelooft ook in 'onze' Heere. Genade is voor een grote schare mensen. Zo veel mensen, dat niemand ze kan tellen (Openb. 7:9). Zouden dat allemaal heel goede mensen zijn? Zijn dat allemaal heiligen? Nee, juist niet! Daar zitten flinke schurken bij en moordenaars; inbrekers en oplichters. Ik moet in dit verband denken aan wat ik in een boek van J.C. Ryle heb gelezen. Hij schrijft ergens dat de deur van de ark van Noach zo groot was, dat het grootste beest erin kon. Dat geldt ook voor de ark van het behoud door Christus: het grootste beest kan erin! Je kunt dus nooit te veel gezondigd hebben of te slecht zijn. Bij Jezus Christus onze Heere is een overvloed aan genade.

Vragen

1. Lees Johannes 6:47. Wat voor geloof zou dat zijn? Er staat 'heeft' en niet 'krijgt'. Wat zou dat betekenen?

2. Tertulianus zei: 'Credo quia absurdum.' 'Ik geloof het, omdat het ongeloofwaardig is.' Is het christelijk geloof ongeloofwaardig? Waarom wel/niet?

3. Wat Jezus deed voor zondige mensen, is bijzonder. Je krijgt de zaligheid namelijk gratis. Wat betekent dat voor jou ten opzichte van je naaste?

4. Waarom vinden wij vergeven zo moeilijk?

Artikel 3

... Die ontvangen is van de Heilige Geest,
geboren uit de maagd Maria ...

'Karen! Wat schrik ik hiervan.' Hester kijkt haar vriendin geschokt aan. Hesters lip trilt een beetje en ze grijpt Karens hand. Voorzichtig maakt Karen haar hand los. Ze heeft Hester net verteld dat ze er weleens aan denkt om een einde aan haar leven te maken. Ze moest het gewoon tegen iemand zeggen. Haar ouders begrijpen er niets van. Zij zijn alleen maar bezorgd en willen haar beschermen, maar echt helpen doen ze haar niet.

'Weet je wel wat het betekent, als je een einde aan je leven maakt?'

'Ik weet het.' Karen trekt de mouw van haar slobbertrui een eindje verder over haar pols. Of zal ze het aan Hester laten zien? Ze weet niet goed hoe haar vriendin erop zal reageren. 'Daarom heb ik het nog niet gedaan.'

'Waarom Karen? Kun je me uitleggen waarom je daar weleens aan denkt?' Hester komt nu naast haar zitten en pakt Karens onderarm vast.

'Auw!' De kreet ontsnapt haar, zonder dat ze het wil.

Hester schrikt en kijkt haar onthutst aan. 'Wat is er met je arm?'

Ze kan het nu net zo goed laten zien. 'Niet schrikken hoor', zegt ze, en ze schuift haar mouw voorzichtig iets naar boven. Hester houdt haar adem in, zodra ze de snijwonden ziet. Dan begint ze te huilen. 'Waarom doe je dat?' fluistert ze.

Het is precies zoals ze gedacht had. Niemand begrijpt haar. Niemand heeft enig besef van haar pijn, van het gevoel van afwijzing, van de slapeloze nachten omdat ze zich waardeloos voelt. Ze voelt aan dat Hester haar niet zal begrijpen en een diepe eenzaamheid maakt zich van haar meester. Is er dan niemand die snapt wat ze doormaakt?

Betekenis

Die ontvangen is van de Heilige Geest

Ik geloof dat Jezus als Zoon van Maria geboren is, zonder het toedoen van een man. De engel die aan Maria vertelde dat ze zwanger zou worden, zei dat de Heilige Geest haar zou overschaduwen. Ook dit is, net als de Drie-eenheid van God, iets wat we niet kunnen begrijpen. We moeten het eenvoudigweg geloven. Natuurlijk is het onmogelijk dat een meisje zwanger wordt zonder dat ze gemeenschap gehad heeft. Het is onnatuurlijk. Iets wat onnatuurlijk is, maar wel gebeurd is, kun je niet begrijpen en moet je gelovig aanvaarden.

Is het eigenlijk wel zo belangrijk dat Jezus geen menselijke vader gehad heeft? Ja, absoluut! Doordat de Heilige Geest van God Maria overschaduwde, is Jezus de Zoon van God. Hij is dus goddelijk én menselijk; zowel God als mens. Hij is goddelijk, omdat Zijn Vader God is; Hij is menselijk, omdat Zijn moeder mens is. Aan het einde van Zijn leven legt Hij het menselijke leven af. Dat kan Hij alleen omdat Hij ook God is. Een mens kan zijn leven niet afleggen, maar Jezus doet dat wel. Daarbij komt dat Hij sterft als Borg. Dat betekent dat Hij niet alleen de Bemiddelaar is tussen God en mensen, maar ook betaalt voor hun zonden. Hij is dus een Borg Die Zelf betaalt. Dat is alleen mogelijk omdat Hij naast de menselijke natuur ook volmaakt God is. Mens, omdat de menselijke natuur die gezondigd had, de schuld moest betalen. Daarnaast moest Hij God zijn om een eeuwige waarde te geven aan het offer dat Hij bracht: Zichzelf. De ene gewone mens kan immers niet voor de zonden van een ander gewoon mens betalen.

Geboren uit de maagd Maria

Omdat Jezus geboren is uit een vrouw, is Hij ook

mens. Hij moet wel mens zijn, om als mens te lijden en sterven en zo te betalen voor de zonden van de mensheid. De natuur die gezondigd heeft, moet sterven. Jezus wordt de 'tweede Adam' genoemd, omdat Hij herstelt wat de eerste Adam kapotgemaakt heeft, namelijk de relatie met God. Het is echt een groot wonder dat God het probleem dat de mens Adam veroorzaakt heeft, Zelf heeft willen oplossen. In de Joodse traditie is het zo dat als je moeder een Jodin is, jij ook Joods bent. Dus niet de vader, maar de moeder is in dit geval belangrijk. Zo is Jezus mens geworden door de geboorte uit een vrouw. Dus is Hij echt een mensenkind. Zo noemt Jezus Zichzelf ook: Zoon des mensen.

In de rooms-katholieke traditie is Maria heilig. Ze zou al heilig geboren zijn en voorbereid zijn voor de komst van haar heilige Kind, Jezus. Maria vormt in deze traditie een schakel tussen de mens en God. In de Rooms-Katholieke Kerk is zij een middelaar en voorbidster tussen de arme zondaar en de heilige God. Wij geloven dat niet, omdat het geen bijbels gegeven is. Maria is een gewoon meisje – haar leeftijd staat niet in de Bijbel en is dus niet belangrijk – dat, net als jij en ik, zondig is. Ze zegt zelf dat God haar Zaligmaker is. Als je heilig bent, heb je geen zaligmaker nodig omdat je al zalig bent. Jezus is uit een zondige vrouw geboren en heeft zo de zondige natuur van de mens aangenomen. Hijzelf is wel zonder zonde, omdat Hij ook God is. God kan immers niet zondigen tegen Zichzelf.

De islam is een godsdienst die net als het christendom gelooft in één godheid. De islam zegt dat het christendom vals is, omdat christenen – volgens hen – geloven in drie goden: God de Vader, Maria de moeder-god en Jezus de Zoon. Door de positie van Maria in de Rooms-Katholieke Kerk is deze verwarring ontstaan. En als je het aan moslims (of anderen) probeert uit te leggen, kom je erachter dat de Drie-eenheid niet uit te leggen is. Ook daarom beginnen de Twaalf Artikelen met 'ik geloof'.

Voor vandaag

Gods Zoon verliet Zijn heerlijke hemel om te lijden en te sterven; niet voor geweldig goede en brave mensen. Nee, Jezus zegt Zelf dat Hij gekomen is om het verlorene op te zoeken, om Zich te bekommeren over zondaren. Hij kwam niet om te roepen 'rechtvaardigen', maar om slechte mensen uit de goot op te rapen. Wat is het een bijzonder wonder dat Hij de hemel verliet om op deze aarde mens te zijn! God werd mens. Dat geloven we met dit artikel.

Het feit dat Maria nog maagd was, wijst erop dat niet Jozef de vader was, maar, zoals we hierboven al beleden, de Heilige Geest. Als je dit probeert uit te leggen aan onkerkelijke mensen, kom je erachter hoe moeilijk dit artikel te begrijpen is. Opnieuw is het een kwestie van geloven en niet van begrijpen. Dit geloofsartikel is van het allergrootste belang voor de hele wereld, want wie niet gelooft dat Jezus de Zoon van God is, kan niet zalig worden (1 Joh. 4:15). Zo belangrijk is het dus.

God werd mens. Dat geeft heel veel troost, omdat Hij uit eigen ervaring weet wat mensen doormaken. Jezus is een klein kind geweest. Hij is tiener geweest. Kijk eens even in de spiegel van je eigen leven. Hij weet wat het is om broers en zussen te hebben. Hij weet wat het is om niet begrepen te worden. Zelfs Zijn eigen broers geloofden eerst niet in Hem. Wat zal Hij daar verdriet om gehad hebben! Hij weet wat het is om veracht te worden. Hij heeft verdriet gehad van het gedrag van mensen om Hem heen. Hij weet wat het is om verzocht te worden. In Hebreeën 2:18 staat: 'Want in hetgeen Hij Zelf, verzocht zijnde, geleden heeft, kan Hij degenen, die verzocht worden, te hulp komen.'

Tot slot wil ik uitlichten dat ook Jezus verdriet heeft gehad. Hij begrijpt jou dus, wanneer je verdriet hebt. Verdriet om een verbroken relatie, of om het verlies van een dierbare. Er is zo veel verdriet, vooral onder jongeren. Het is zo moeilijk om uit te leggen wat jouw verdriet precies inhoudt en hoe jij je voelt, maar Jezus begrijpt het. Vertel Hem in gebed alles wat je bezighoudt, verdrietig maakt of juist blij. Wat hebben we toch een bijzondere God, dat Hij mens wilde worden. Hij stelde Zich op die manier vrijwillig bloot aan menselijke emoties, zoals verdriet en pijn. Hij heeft niet alleen betaald voor de zonden van mensen, maar Hij begrijpt hen ook volledig en wil hen troosten, bijstaan en zelfs redden van de dood. Geloofd zij God!

Vragen

1. Lees Lukas 2:6-7. Wat valt je op als je de kerstvieringen van deze tijd naast deze twee verzen legt?

2. Er wordt wel gezegd dat 'achter de kribbe het kruis staat'. Vind jij dat zwaarmoedig, of niet? Waarom wel/niet?

3. Hoe kan het je troosten dat Jezus Zelf ook mens was?

4. Hoe zou het komen dat de broers van Jezus eerst niet in Hem geloofden? Welke bijbeltekst hoort daarbij?

Artikel 4

... Die geleden heeft onder Pontius Pilatus,
is gekruisigd, gestorven en begraven,
nedergedaald ter helle ...

Henk klopt op de lichtgroene kamerdeur en stapt naar binnen, wanneer hij een zacht 'ja' uit de kamer hoort komen. 'Dag mevrouw Goudriaan, daar ben ik weer.'

Een klein vrouwtje van ongeveer negentig jaar zit op de tweezitsbank voor het raam. Ze kijkt op van het boekje dat ze aan het lezen is en legt het vergrootglas naast zich op de bank. 'Fijn dat u er bent', zegt ze zacht. Haar ogen achter de dikke brillenglazen staan dof en haar rimpelige handen trillen een beetje.

'Ik kom voor het wekelijkse voorleesuurtje', zegt Henk en hij gaat tegenover haar op de stoel zitten.

'Ik weet het, maar u hoeft niet zo hard te praten. Ik zie wel slecht, maar mijn oren doen het nog goed.'

Henk glimlacht en zegt, een stuk zachter: 'U hebt gelijk. Er zijn hier zo veel dove mensen dat ik mij weleens vergis. Wat kijkt u verdrietig. Is er iets met u aan de hand?'

'Ik denk veel, meneer. Heel veel. Ik heb toch tijd genoeg. Ik denk na over mijn leven.'

Het is een tijdje stil in de kamer. Je hoort zelfs geen klok tikken.

'Ik heb te veel gezondigd.' Ze zucht. 'Voor mij kan het niet meer.'

Henk schrikt van de woorden. Wat moet hij hierop zeggen?

In gedachten bidt hij om woorden. 'Waar staat dat in de Bijbel, mevrouw Goudriaan? Ik heb nog nooit in mijn bijbel gelezen dat er mensen werden weggestuurd, die bij Jezus kwamen.' Hij blijft even stil en vervolgt voorzichtig: 'U lijkt me niet iemand die erg zondig leeft.'

'Als u mij goed zou kennen, zou u dat niet zeggen. Het is echt zo, ik heb te veel gezondigd.' Mevrouw Goudriaan valt stil en kijkt naar buiten. Dan zegt ze heel zachtjes: 'Al 87 jaar lang gezondigd …'

'Nou, dan heb ik goed nieuws, mevrouw.' Henk legt zijn hand op haar broze arm. 'Jezus is juist voor grote zondaren gekomen.'

Mevrouw Goudriaan kijkt naar hem op en probeert zijn gezicht te zien. 'Zou het echt? Ik kan het niet geloven.'

Betekenis

Die geleden heeft onder Pontius Pilatus

Jezus is door Pontius Pilatus veroordeeld. Deze Pontius Pilatus was de vertegenwoordiger van de Romeinse keizer en de machtigste man in het bezette Joodse land. Jezus Christus, de Overste van alle koningen van de aarde, moest door de officiële aardse machthebber veroordeeld worden. Niet alleen dat; Hij moest onschuldig veroordeeld worden. Pilates gaf overigens duidelijk aan dat Jezus onschuldig was. Het staat helder omschreven in de Bijbel.

Het handen wassen om onschuld aan te tonen, komt uit de Joodse traditie. We komen het in Deuteronomium 21 en in Psalm 26 tegen. In Nederland hebben we er zelfs een gezegde aan overgehouden: 'zijn handen in onschuld wassen'. Pilatus constateerde dat Jezus onschuldig was en toch veroordeelde hij Hem. Dat deed hij alleen maar om zijn eigen positie veilig te stellen. Zijn eigen luxeleven was hem meer waard dan het leven van een Joodse Man Die uit haat aan hem was uitgeleverd.

Hij heeft Jezus bovendien niet alleen ter dood veroordeeld, maar ook extra laten lijden. Hij liet Hem over aan de wreedheid van zijn soldaten. Daarvóór geselde hij Jezus. In Mattheüs 27 staat '… maar Jezus gegeseld hebbende, gaf hij Hem over om gekruisigd te worden.' (vers 26) Hij zal het niet zelf gedaan hebben, maar hij was er wel verantwoordelijk voor. Dus belijden we dat Jezus onder Pontius Pilatus geleden heeft.

Gekruisigd

De kruisdood was in de Romeinse tijd de straf voor zware misdadigers en terroristen. Drie kruizen stonden klaar voor de drie Joodse misdadigers die ten tijde van het grote Joodse feest ter dood gebracht zouden worden. Hier zie je hoe Pilatus het Joodse volk en zijn feesten verachtte. Juist op deze – voor de Joden – grootste feestdag zouden er drie Jóódse opstandelingen ter dood gebracht worden. Bar-Abbas was de belangrijkste van de drie. God stuurde de situatie echter zo dat niet de terrorist Bar-Abbas, maar Jezus van Názareth aan het kruis gespijkerd werd.

'Bar' betekent in de Joodse taal 'zoon' en 'abba' betekent 'vader'. Dus de zoon van de (aardse) vader werd vrijgelaten, omdat de Zoon van de (hemelse) Vader zijn plaats innam. Hierin zien we ook de bijzondere sturing van de Heere. Ongeacht wat de farizeeën, de overpriesters of Pilatus, of wie dan ook, bedenken, God bestuurt alle dingen. De Joodse leiders hadden gezegd dat Jezus niet op het feest veroordeeld moest worden, maar God wilde dat juist wel. Omdat het Pesachfeest juist wees op Jezus, het Lam Dat geslacht moest worden. Denk hierbij ook aan Galaten 3:13, waar staat dat iedereen die aan een hout hangt, vervloekt is. Jezus is vervloekt om onze vervloeking weg te nemen.

Gestorven

Ik geloof dat Jezus gestorven is. Hij legde Zijn leven vrijwillig af. Zoals je een beker die je leeggedronken hebt, neerzet, zo legde Jezus Zijn leven neer. Toen Hij de lijdensbeker helemaal leeggedronken had, legde Hij Zijn aardse leven af. Het was niet nodig dat Zijn lijden nog langer zou duren. Zijn lijdensbeker was leeg en daarom zei Hij dat het volbracht was. Dat wil dus zeggen dat Hij de opdracht waarmee de Vader Hem naar de aarde stuurde, volkomen had uitgevoerd. Daarom stierf Hij op dat moment. Zijn werk was klaar en het was niet nodig dat Zijn lijden nog langer zou duren.

In de Bijbel lezen we dat de beide misdadigers die samen met Jezus gekruisigd waren, nog in leven waren. Tegen de tijd dat de sabbat begon, vroegen de Joden aan Pilatus of de benen van die beide mannen gebroken mochten worden, zodat ze zouden sterven en van hun kruis gehaald konden worden. Vanwege het feit dat anders de sabbat ontheiligd zou worden, werden beide mannen doodgeslagen en van hun kruis gehaald. Voor het lichaam van Jezus was het niet nodig dat Zijn beenderen gebroken werden, want Hij was al gestorven. Om te kijken of Hij al gestorven was, werd er wel een speer in Zijn zij gestoken. Toen kwam er water en bloed uit, wat het bewijs vormde dat Hij gestorven was. Ook hier zien we het verschil met de islam: islamieten geloven dat niet Jezus gekruisigd is, maar iemand die erg op Hem leek. Hij zou dus niet gestorven zijn, maar wel naar de hemel verheven.

Begraven

Om nog duidelijker te laten zien dat Jezus echt gestorven is, is Hij begraven. Zijn begrafenis is dus een bijkomend bewijs van het feit dat Hij gestorven is. Hij heeft minimaal 36 uur in het graf gelegen. Het is dus niet zo dat Hij schijndood was en op de derde dag weer wakker werd! Hij legde Zijn leven op vrijdag neer en nam het op de derde dag, op zondag, weer op. Omdat we geloven dat Hij werkelijk is gestorven, geloven we ook dat Hij begraven is. Dat is de normale gang van zaken als iemand is gestorven.

Bij Jezus kunnen we zeker ook stellen dat Hij is 'overleden'. Zijn lijden was over en als bewijs daarvan is Hij begraven. Daar bleef Hij echter niet. Hij stond op uit het graf. Zo zullen ook Gods kinderen niet eeuwig in het graf blijven, maar opstaan en altijd bij God in de hemel zijn om daar te doen waarvoor God hen schiep: leven tot Zijn eer!

Nedergedaald ter helle

Dit deel van het artikel wordt door de Rooms-Katholieke Kerk, mijns inziens, helaas verkeerd uitgelegd. Zij zeggen namelijk dat Jezus na Zijn dood naar de hel gegaan is. Ik zal uitleggen waarom dat niet klopt.

De vernedering van Jezus ging in fasen. We noemen dat 'treden' of 'trappen', omdat Hij steeds verder afdaalde. De opeenvolgende treden zijn niet 'chronologisch' – dat wil zeggen: niet een opeenvolging in de tijd – maar geven de zwaarte of de ernst van de vernedering aan. De eerste stap was Zijn geboorte, toen Hij Zijn heerlijke hemel verliet en een lichaam aannam zoals van zondige mensen. De treden die steeds dieper Zijn vernedering tekenen, zijn: geleden, gekruisigd, gestorven en als laatste 'nedergedaald ter helle'. De volgorde geeft dus de diepte van de vernedering aan en niet de volgorde in tijd.

'Neergedaald in de hel' wil zeggen dat Hij de helse smart geleden heeft. Dat houdt in dat Hij in Zijn pijn en angst door God de Vader verlaten is geweest. Daarom riep Hij aan het kruis uit: 'Mijn God! Mijn God! Waarom hebt Gij Mij verlaten!' (Matth. 27:46) Als Hij na Zijn sterven naar de hel gegaan zou zijn, had Hij niet geroepen dat het allemaal volbracht was. De beker van Gods toorn over de zonden van de mensheid was leeg en daarom was het helemaal niet nodig dat Hij nog naar de hel zou gaan.

Voor vandaag

Dit geloofsartikel is door alle eeuwen heen van het grootste belang voor de Kerk. De enige mogelijkheid om zalig te worden, heeft Jezus in Zijn lijden en sterven gebracht. Zonder dit lijden en sterven van de Heere Jezus had niemand zalig kunnen worden. Dit moment vormt het keerpunt van de wereldgeschiedenis. Het hele Oude Testament werkt toe naar

Jezus' komst in een menselijk lichaam. Hij nam dat lichaam aan om zo te kunnen lijden en sterven voor de zonden. De oudtestamentische tempeldienst wijst op het komende Offer Dat uit de hemel neerdaalt en Zichzelf geeft voor Zijn volk. Het Nieuwe Testament vertelt over de Heere Jezus en de door Hem mogelijk gemaakte zaligheid.

De Heere Jezus werd geboren in Bethlehem. De Bijbel vertelt heel eenvoudig en zonder romantiek over de geboorte van Jezus. Er is geen enkele aanleiding om romantische verhalen te vertellen rond Zijn geboorte. We moeten meteen beseffen, wanneer we in december de geboorte van Jezus herdenken, dat achter de krib het kruis al klaarstaat. Het doel van Zijn komst was het lijden voor de zonden van Zijn kinderen. We zijn gelukkig met de Bijbel, waarin we dit allemaal kunnen lezen. Gelukkig, omdat God tegen ons wil praten door middel van de Bijbel; omdat we kunnen weten dat Hij kwam om zondaren zalig te maken. Wat een heerlijk Evangelie is dat! Zelfs voor de slechtste mensen is er hoop, want Jezus zei dat Hij gekomen was om zondaren te roepen tot bekering. Als je dus een zondaar bent, is er hoop voor je. Jezus kwam speciaal voor zulke zondige mensen zoals jij en ik.

Wanneer jij jouw bijbel dicht laat, snoer je God als het ware de mond. De hedendaagse vrome Joden lezen in de synagoge nooit hoofdstuk 53 van Jesaja. Dat staat niet in hun leesrooster. Daarmee snoeren ze eigenlijk God de mond. Doe jij niet hetzelfde, als je de Bijbel dicht laat? Dan spreekt God niet door Zijn Woord tegen je. Besef je wat dat inhoudt? Je krijgt een liefdesbrief uit de hemel en je laat hem ongeopend op je tafeltje liggen. Doe dat toch niet! Open de Bijbel, want daarin staat dat Jezus kwam voor mensen zoals jij en ik! Dat Hij Zijn leven gaf voor mensen zoals jij en ik. Jezus nam de toorn van God weg, die wij door onze zonden verdiend hebben. Dat is toch een onvoorstelbaar Evangelie: jij en ik hebben gezondigd en Jezus heeft betaald. Er staat niet in de Bijbel hoe diep je jouw zonden moet voelen, maar wel dat Jezus kwam voor de grootste van de zondaren.

Vragen

1. Lees Jesaja 53:1-7. Waarom moest Jezus tijdens Pesach sterven? In vers 6 wordt gesproken over schapen en in vers 7 over een lam. Wat is de relatie?

2. We concludeerden in dit hoofdstuk dat het sterven van Jezus het keerpunt van de wereldgeschiedenis is. Waarom is dat zo?

3. Vergelijk Deuteronomium 21:1-9 eens met Mattheüs 24:23-26. Wat valt je op?

4. Als Jesaja 53 in de synagogen gelezen zou worden, wat zou er dan gebeuren?
   (Bid je weleens voor de zaligheid van de Joden?)

Artikel 5

... ten derden dage wederom opgestaan
van de doden ...

Steven kijkt om zich heen en mompelt zachtjes: 'Deze mensen zijn vast heel aardig. Ze glimlachen en ik zie niemand die nors of stug kijkt. Hier zal niemand mij wegsturen.' Hij gaat aan een leeg tafeltje zitten en al snel komt er een vriendelijke mevrouw vragen of hij koffie wil. Natuurlijk wil hij dat en even later staat er een kopje koffie voor hem. Vervolgens komt een jonge vrouw met een schaal gebakjes naar hem toe. Hij kiest zorgvuldig een chocoladetaartje uit en leunt achterover. Zo, dat ziet er lekker uit.

Op het moment dat hij wil beginnen aan het gebakje, loopt een jong stel met twee kinderen naar zijn tafeltje.

'Mogen we hier zitten?' vraagt de vrouw.

'Natuurlijk! Volgens mij zijn de plaatsen allemaal vrij', antwoordt Steven en hij gebaart breed naar de lege stoelen die om de tafel staan.

Wanneer het gezinnetje koffie, frisdrank en gebakjes heeft, kijkt de man hem vriendelijk aan en steekt zijn hand uit. 'Mijn naam is Harm Hoevelaken.'

'Aangenaam, ik heet Steven.'

'Ik ben een neef van de bruid. Wat is uw relatie met het bruidspaar?'

'O, ik woon hier in de buurt en dacht: kom, ik ga eens kennis met hen maken.'

Harm kijkt hem bevreemd aan. 'Hier in de buurt, zegt u?'

'Ja, twee straten verderop.' Steven wijst met zijn arm achter zich.

'Gerda komt uit het westen en Willem uit het oosten van het land. Ze houden de receptie hier, omdat beide families dan even ver moeten reizen. Ze kennen niemand uit deze buurt.'

Niet veel later komt Willem, de bruidegom, naar hun tafeltje en hij kijkt Steven bevreemd aan. 'Wie bent u?!'

Steven verslikt zich in zijn chocoladetaartje.

Betekenis

Ten derden dage

In hedendaags Nederlands zeggen we 'op de derde dag'. Op vrijdag is de Heere Jezus gestorven. We noemen die dag zelfs 'Goede Vrijdag'. Deze dag is zo goed omdat het weer goed kan komen tussen de zondaar en God. Dat is alleen mogelijk door de betaling voor de zonden van de mensheid door Jezus

Christus, Gods Zoon. Die vrijdag dat Jezus aan het kruis stierf, was dus de eerste dag. Op 'stille zaterdag' rustten de volgelingen van Jezus, omdat het de sabbat, de rustdag, was. Zij rustten naar het gebod,[1] staat in het laatste vers van Lukas 23. Op de derde dag, zondag dus, stond Jezus in alle vroegte op uit de dood. Hij had al eerder mensen opgewekt uit de dood, maar hier zien we dat Hij Zélf opstaat. Hij had het leven vrijwillig neergelegd op vrijdag en nam het vrijwillig op zondag weer aan.

Er wordt in de Bijbel ook gesproken van drie dagen en drie nachten. Hoe kan dat, als het eigenlijk maar één dag en twee nachten zijn? Het antwoord is eenvoudiger dan het lijkt. De uitdrukking 'dag en nacht' houdt een etmaal (24 uur) in. In de Joodse wet is een deel van een etmaal van dezelfde waarde als een heel etmaal. Als een Joods jongetje vijf minuten voor het einde van de dag geboren wordt, worden die vijf minuten toch als de eerste dag gerekend en wordt hij

---

1. Zie het vierde gebod in het boekje *Leer mij Uw weg* (Groen 2018).

op de achtste dag besneden. Zo wordt dus een deel van de dag gerekend voor een hele dag. Dat betekent dat vrijdag de eerste dag was, zaterdag de tweede en zondag de derde. Drie dagen. De Bijbel spreekt zichzelf dus niet tegen, maar je moet wel goed lezen en teksten met elkaar vergelijken.

Wederom opgestaan van de doden

De opstanding van de Heere Jezus is een discussiepunt. Ik sprak eens een moderne theoloog, die mij vroeg: 'Je gelooft toch niet echt dat Jezus is opgestaan, hè?' Volgens deze theoloog speelde de hele opstanding zich af in de fantasie van de discipelen. Ze logen dus niet, maar hadden een andere beleving van de gebeurtenissen. Ze wilden zo graag dat Hij weer op zou staan, dat ze het zelfs gingen geloven.

De opstanding, ja, daarin geloof ik echt. Hoewel ik ook dit vijfde artikel niet helemaal kan begrijpen, geloof ik het wel. Paulus zegt in 1 Korinthe 15:14-15: 'En indien Christus niet opgewekt is, zo is dan onze prediking ijdel [leeg], en ijdel is ook uw geloof. En zo worden wij ook bevonden valse getuigen

Gods ...' Hij koppelt de opstanding van Jezus aan de opstanding uit de doden, waarover het in artikel 11 gaat. Jezus is niet in de dood gebleven. Daarmee laat Hij zien dat Hij alle macht heeft, ook over leven en dood. Als Jezus in het graf gebleven was en dus in de dood was gebleven, dan had je kunnen denken dat de dood gewonnen had. Op deze manier zie je dat niet de dood het laatste woord heeft, maar God Zelf. Hij heerst over leven en dood. Dat heeft ook met Zijn almacht te maken. Jezus leeft!

Wat er op Pasen en daarna is gebeurd, heeft Jezus Zelf voorspeld. In Johannes 14:19 zegt Jezus (vrij vertaald): 'Nog een klein poosje en de (ongelovige) wereld zal Mij niet meer zien, maar jullie zullen Mij zien, want Ik leef en jullie zullen leven.' Zo is het gebeurd. Jezus heeft Zich na Zijn opstanding niet meer aan de ongelovige wereld laten zien, maar wel aan Zijn volgelingen. Jezus zegt in bovengenoemde tekst ook dat Hij leeft en jullie zullen leven. Door het levend worden van het lichaam van Christus, zullen ook Zijn kinderen van de dood levend worden. Zie je hoe belangrijk de opstanding uit de doden is? Als je dat namelijk niet gelooft, is je geloof zinloos.

Voor vandaag

Laat je niets wijsmaken door de zogenaamde moderne theologen die zeggen dat de opstanding niet echt gebeurd is. Het gebeuren zou zich in de hoofden van de discipelen hebben afgespeeld, omdat ze het zo graag wilden. Een ander argument dat wordt aangevoerd, is dat alleen de volgelingen van Jezus Hem na de opstanding gezien hebben. Ál die volgelingen zouden het zich hebben verbeeld. Het spijt me, maar dat kan ík niet geloven!

Jezus is opgestaan en is de Eerste geworden van al de doden die eens zullen opstaan. Lees maar in 1 Korinthe 15:20-22. Paulus voegt aan de zekerheid van de opstanding het volgende toe: omdat de dood is door een mens, zo is ook de opstanding uit de doden door een Mens. Zoals ze allen in Adam sterven, zo zullen ze ook in Christus allen levend gemaakt worden. Wat een heerlijk Evangelie is dit toch. Jezus heeft het gewonnen van de dood! Adam, onze eerste voorvader, heeft gezondigd en is gestorven, maar de 'tweede Adam' heeft de zonden verzoend door Zijn bloed en leeft! Hoor je het? Hij leeft! Niet de dood heeft gewonnen, maar onze Heere Jezus Christus. Weliswaar is Hij niet meer op de aarde, maar Hij leeft wel. Dit vormt het bewijs dat Hij Zijn kinderen niet aan hun lot zal overlaten. Hij leeft en wij zullen leven.

Na de dood is er de opstanding van alle mensen. Iedereen zal opstaan om geoordeeld te worden. Degenen die Hem liefhebben, zullen dan eeuwig mogen doen wat ze graag willen: God eren. Ze kunnen nooit meer zondigen en mogen altijd bij Hem zijn. Dat is hun grootste verlangen, omdat ze van Hem houden. Ook degenen die God niet liefhebben, zullen opstaan om geoordeeld te worden. Gek genoeg zullen ook zij doen wat ze verlangen: eeuwig zonder God zijn. Zij hebben niets te zoeken in de hemel. Ze zouden zich er niet eens thuis voelen. Ze houden niet van God en komen tegen Hem in opstand. Ze zouden zich dus ongelukkig voelen in de hemel bij God. In een boek van J.C. Ryle las ik: 'De hemel is een ellendige plaats voor een onheilig mens.' Zo is het echt. Ryle vraagt zich af naast wie zo iemand zou moeten gaan zitten in de hemel. Hij heeft geen enkele overeenkomst met de 'hemelgangers'. Hij zou geen enkele aansluiting vinden. Al de mensen die in de hemel zijn, willen immers alleen God eren. Aardse relaties vallen daarbij weg.

Die van Christus zijn, zullen opstaan in het eeuwige leven en altijd bij Hem mogen zijn. Wat een heerlijk vooruitzicht is dat! Daar gaat het in artikel 12 over, dus dat komt later. Dit artikel draait om het feit dat Jezus is opgestaan om zo te laten zien dat Hij leeft en dat Hij de dood overwonnen heeft. Ook voor jou?

Vragen

1. Lees Lukas 24:1-7. De vrouwen krijgen als eerste de boodschap dat Jezus is opgestaan. Kunnen wij hier iets uit leren? Kwam dat misschien omdat de vrouwen deden wat de discipelen niet deden?

2. Waarom is de opstanding van Jezus zo belangrijk?

3. Waarom is Jezus tussen Zijn opstanding en de hemelvaart niet verschenen aan 'de wereld'?

4. Wat heb jij er persoonlijk aan dat Jezus is opgestaan uit de dood?

Artikel 6

... opgevaren ten hemel, zittende aan de rechterhand van God, de almachtige Vader ...

'Fijn dat u belt, pap.' Noor ligt op de bank in haar kamer en staart naar de lijn waar het witte plafond overgaat in de lichtgrijze wand. Met haar schouder klemt ze haar mobiel tegen haar oor. Ze bedacht net dat het fijn zou zijn als ze even zijn stem kon horen, want ze heeft een drukke dag achter de rug. De donderdagen zijn altijd erg hectisch.

'Ik dacht gewoon: ik zal mijn dochter eens even bellen om te vragen hoe het met haar gaat.' Haar vaders stem klinkt opgewekt.

'Ik ben gezond', hoort Noor zichzelf zeggen.

'En hoe gaat het op je stage?'

'Goed hoor. Ik lig op schema.'

'Verder nog nieuws?'

Ja, en verder ... Ze voelt zich eenzaam. Ze vindt het moeilijk, zo ver bij hem vandaan. Ze had nooit deze stageplek moeten aannemen. Hierdoor woont ze tijdelijk veel te ver van huis en de avonden zijn vreselijk, zo alleen. Het lijkt wel of dan alles tegenzit. De verwarming doet het niet goed; de achterband van haar fiets is lek; de avonden zijn stil ... En 's nachts ligt ze te draaien in bed en te denken aan de tijd dat haar moeder nog leefde. Toen alles nog goed was.

'Ben je daar nog, Noor?' De stem van haar vader plaatst haar weer in de werkelijkheid. 'Ik hoor niets meer.'

'Ik ben er nog', weet ze uit te brengen. Ze probeert vrolijk te klinken, maar dat lukt niet echt.

'Verlang je naar huis?'

Noor weet dat ze haar vader niets op de mouw hoeft te spelden. 'Ja, heel erg.' Zo, het is eruit. Nu hoeft ze zich niet meer in te houden. Haar vader heeft haar immers altijd zo door.

'Zo'n telefoon is een handig ding, maar eigenlijk een noodoplossing.'

'Ja?' Noor kijkt naar het plafond en probeert haar ogen droog te knipperen. 'Hoe bedoelt u dat precies?'

'Ik kom morgenavond naar je toe, en dan blijf ik tot en met zondag bij je. Dit weekend kunnen we leuke dingen doen en zondag samen naar de kerk gaan. Je had het over een gemeente waar je eens naartoe wilde gaan.'

Noor voelt zich meteen stukken beter en roept uit: 'Wat vind ik dat een goed plan. Bedankt pap! U bent de allerliefste vader.'

'Tot morgenavond om een uurtje of zeven. Dag Noor!'

Betekenis

Opgevaren ten hemel

Vanaf de Olijfberg bij Bethanië, vlak bij Jeruzalem, is Jezus naar de hemel gegaan. Opgevaren, belijden we. Langzaam steeg Hij op en de elf discipelen staarden Hem in verbazing na. Dit was nieuw voor hen en ze begrepen nog niet wat dit betekende. Het gevoel was hun niet vreemd: ze maakten met hun Heere genoeg dingen mee, die ze niet meteen begrepen. Nu vertrok Jezus echter langzaam naar boven en verdween uiteindelijk uit hun gezichtsveld. Ze snapten er niets van. Ze begrepen nog niet dat Jezus niet altijd bij hen kon blijven, maar dat Hij moest vertrekken naar Zijn Vader in de hemel; om vanaf die positie voor hen te zorgen. Niet alleen voor hen, ook voor alle anderen die door de preken van de apostelen liefhebbers van Jezus zouden worden. Jezus had bovendien tegen hen gezegd dat Hij voor hen een plaats ging bereiden (Joh. 14:2).

Als ik mij die situatie probeer voor te stellen, zie ik elf mannen met open mond van verbazing naar boven kijken. Uiteindelijk schuift er een wolk tussen hen en

Jezus. Ze zien Hem niet meer, maar blijven naar boven kijken. Niemand zegt iets. Tot de stilte verbroken wordt door een vreemdeling die vraagt waarom ze toch zo naar boven staan te kijken. Verdwaasd kijken ze naar de vraagsteller en zijn metgezel. Waar komen zij vandaan? De twee mannen in spierwitte kleding kijken hen vriendelijk aan. Ze zeggen dat Jezus op die manier ook terug zal komen. Daarna lopen de discipelen de berg af. Ze zijn nu niet verdrietig. Na de kruisiging waren ze verdrietig, omdat hun Meester was gestorven. Nu zijn ze blij. Hun Meester is wel vertrokken, maar Hij vertrok naar de plaats waar Hij vandaan kwam, en waarvandaan Hij terug zou komen. Daar wachten we nu nog op. Deze heerlijke belofte is nog niet vervuld. Maar … Hij komt!

Zittende aan de rechterhand van God, de almachtige Vader
Kun je het je voorstellen? Daar, in de hemel, zit Jezus aan de rechterhand van Zijn Vader. Ik zie het niet voor me. Dat gaat mijn voorstellingsvermogen te boven. Elke voorstelling gaat namelijk mank. Wie weet immers hoe de hemel eruitziet? Het is bovendien niet zo belangrijk of we het voor ons kunnen zien of

niet. We spreken namelijk ook hier over een gelóófsartikel: ik geloof dat Jezus aan de rechterhand van Zijn Vader zit.

Wat Hij daar doet, is van het allergrootste belang. Hij bidt namelijk voor Zijn broeders en zusters die nog op de aarde zijn. Zelf is Hij de eniggeboren Zoon van de Vader, en Hij bidt voor al de geadopteerde kinderen op de aarde. Daarnaast luistert Hij naar hun gebeden. In Psalm 116:2 staat dat Hij Zijn oor neigt. Dat betekent dat Hij – met eerbied gesproken – wat vooroverbuigt en luistert naar de gebeden die op aarde klinken. En daar, hoog in de hemel, bidt Hij voor degenen die Hij kocht met Zijn bloed. Daar is Hij de Voorspraak, de Pleitbezorger, voor Zijn broeders en zusters die nog op de aarde zijn.

Voor vandaag

God keek volgens Psalm 14 vanuit de hemel naar beneden, naar alle mensen die daar liepen, zaten en lagen. Wat Hij zag, was verschrikkelijk. Hij had alles zo goed gemaakt, maar nu zag Hij dat er niemand was, die goed deed. Jezus kwam naar de aarde om voor die mensen te lijden en te sterven. Zo graag wilde God de situatie weer in orde maken. Nadat Jezus Zijn taak volbracht had, keerde Hij terug naar de hemel. Ja, Jezus is echt opgevaren naar de hemel. Hij is niet meer op de aarde. Jezus zei: 'En ziet, Ik ben met u al de dagen tot de voleinding der wereld.' (Matth. 28:20) Dat betekent niet dat Hij voor altijd op de aarde is. Hij liet Zijn Kerk fysiek achter, maar Hij laat haar niet in de steek!

Nu kijkt Hij weer vanuit de hemel naar beneden, nog steeds is er niemand die goed doet. Alleen zijn er wel mensen die Hij kocht met Zijn bloed. Naar de gebeden van die mensen luistert Hij. Hij kijkt vol liefde op hen neer en stuurt Zijn Geest naar Zijn kinderen. Zo blijft Hij heel dicht bij hen. Ooit ging Hij naar de hemel om een plaats voor hen gereed te maken. Wat is dat een troost voor degenen die Jezus liefhebben! Vanaf Zijn plaats naast Zijn Vader kijkt Hij naar beneden en ziet Zijn Kerk, ongeacht het kerkgebouw of de locatie. Zijn ogen zien de leden. Hij weet precies wat goed voor hen is. Hij is na Zijn opstanding uit de dood niet in Jeruzalem gaan wonen, of in Názareth. Nee, Hij kijkt vanaf een plaats waar Hij Zijn gehele Kerk kan zien.

Stel je voor dat je ergens naartoe moet om met Hem te kunnen praten en jouw verdriet of problemen voor Hem neer te kunnen leggen. Gelukkig kun je dat altijd doen, waar je ook bent. Als je in jouw kamer zit en niemand je ziet, kun je zomaar met Hem praten. Hij hoort het en weet wat het best voor je is. Hij ziet je en weet beter dan jijzelf wat je nodig hebt en goed voor je is. Aan de andere kant ziet Hij je ook wanneer je dingen doet, die niet goed zijn. Als je zegt dat je daar berouw over hebt, ziet Hij of dat berouw echt is; of je echt verdriet over jouw zonden hebt, of dat je jouw zonden alleen maar 'belijdt' omdat het nu eenmaal zo hoort. Misschien toon je 'berouw' om straf te ontlopen. Hij kijkt dwars door je heen en ziet precies hoe je de dingen bedoelt, die je tegen Hem zegt. Ik bedoel hier eigenlijk te zeggen dat je mensen voor de gek kunt houden, maar Jezus niet.

Ik wil dit zesde artikel graag met troost eindigen. Weet en onthoud daarom in elk geval dit: 'Hij troost het hart, dat schreiend tot Hem vlucht …' (Ps. 145:6, berijmd)

Vragen

1. Lees Romeinen 3:10-18. Waarom citeert Paulus hier Psalm 14? Is het misschien wat overdreven om de mens zo af te schilderen?

2. Probeer je eens voor te stellen dat je Jezus naar de hemel zag opvaren. Wat zou je gedacht hebben?

3. Wat betekent het dat Jezus aan de rechterhand van Zijn Vader zit?

4. Geeft het je troost dat Jezus alles vanuit de hemel ziet, of ben je er niet zo blij mee? Leg eens uit waarom.

Artikel 7

... vanwaar Hij komen zal om te oordelen de levenden en de doden.

Ze staan al een tijd te wachten, maar zien nog steeds niets. Gert begint ongeduldig te worden. 'Kwamen ze nu eindelijk maar eens.'

Dorien legt haar hand op zijn arm en kijkt haar vriend aan. 'Luister, Gert, ze komen echt wel. Heb nou eens even geduld. We hebben lang op dit moment gewacht, rustig nou toch.'

Even later horen ze motorgeronk. Het geluid komt van links, maar ze zien niets, omdat de weg een bocht maakt. De mensen kijken reikhalzend naar de bocht in de weg. Het geluid zwelt aan en sommige mensen zwaaien al met zelfgemaakte vlaggetjes. Achter de vrolijke groep mensen loopt een man die snel een zijstraat in schiet. Gert ziet het, waar kent hij die man van? Hij kijkt naar Dorien en ziet dat haar ogen schitteren. Dan weet hij opeens wie die man is. Een NSB'er!

Dorien stoot hem aan. 'Ze komen!' Ze knijpt in zijn arm en gaat op haar tenen staan. 'Ik zie ze!'

Een motor met zijspan is het eerste voertuig dat om de bocht komt. Dan volgt een hele stoet tanks en open vrachtwagens, waar mannen op staan. Ze zwaaien naar de mensen die een levende haag vormen. De mensen beginnen te juichen en roepen: 'Onze helden!'

De vermoeide soldaten op de wagens, die tussen de juichende menigte door trekken, verstaan er niets van. Toch begrijpen ze de situatie volkomen. Deze mensen hebben vijf jaar onder druk van de vijand geleefd en eindelijk zijn ze vrij.

Gert roept zijn keel schor en slaat zijn arm om Doriens schouders. Dan denkt hij opeens aan de stille figuur die zojuist wegglipte: een verrader die een veilig heenkomen zoekt. Niet iedereen is dus blij, denkt hij; deze man zal het nog moeilijk krijgen.

Betekenis

Vanwaar Hij komen zal

De beide engelen zeiden het al tegen de elf discipelen: 'Jezus zal terugkomen.' Net zoals Hij opgevaren was, zo komt Hij terug. Nu is Hij bij Zijn Vader, maar Hij komt terug! Johannes, op het eiland Patmos, noteert de laatste woorden van Jezus: 'Ja, Ik kom haastig.' Waarop Johannes antwoordt: 'Ja, kom, Heere Jezus!' (Openb. 22:20) Er spreekt verlangen uit de woorden waarmee Johannes de profetie Openbaring afsluit. Hij ziet er met zijn hele hart naar uit dat Jezus komt!

Jezus zal nog één keer Zijn heerlijke hemel verlaten. Nu niet meer om te lijden en te sterven, of om te betalen voor de zonden van Zijn broeders en zusters. Nee, op het moment dat de aarde als een doek opgerold wordt, als de eindtijd gekomen is, komt Hij voor de laatste keer op de wolken van de hemel. Iedereen zal Hem dan zien. 'Hoe kunnen alle mensen van de hele wereld Hem tegelijkertijd zien?' vraag jij je misschien af. Ik heb geen idee. God weet het. Ook dit is een geloofsartikel. We zullen het zien; dat is zeker.

Wanneer komt Jezus terug? In de Bijbel staat aangegeven op welke tekenen we moeten letten. Zo wordt genoemd dat er veel oorlogen zullen zijn en dat het Evangelie in de hele wereld gepreekt zal worden (Matth. 24). Mensen zullen liefhebbers van zichzelf zijn (2 Tim. 3:2). In onze tijd zien we een egoïsme dat in vorige eeuwen niet op deze schaal voorkwam. Het draait allemaal om 'ik, ik, ik'. Deze dingen zeggen ons: Ik kom!

Om te oordelen

Het oordeel is de reden dat Hij de laatste keer naar

de aarde zal komen. Zie je het goed? 'Oordelen' staat er. Niet véroordelen. Hij zal rechtvaardig, eerlijk oordelen. Eerder schreef ik dat Hij alles weet en ziet; dat Hij iedereen doorziet. Al die mensen zal Hij gaan oordelen. Degenen die zich niet bekeerd hebben, zullen geoordeeld worden. Zij zullen door de Heere weggestuurd worden. Ook degenen die gedaan hebben wat God zei – zich bekeren tot Hem. Zij zullen een positief oordeel horen: 'Kom binnen in het Koninkrijk van God.' Dus uit alle mensen haalt Hij een grote groep die Hij niet zal veroordelen. Tegen hen zal Hij zeggen dat zij niet veroordeeld zullen worden, omdat Hijzelf voor hen betaald heeft. 'Een grote groep', zei ik. Zou dat echt? Er staat toch dat er velen zijn geroepen, maar weinigen uitverkoren (Matth. 22:14)? Dat is zo, maar er staat ook dat het een schare zal zijn die niemand tellen kan. Ontelbaar … dat móét wel een grote groep zijn!

De levenden en de doden

Iedereen zal geoordeeld worden. Alle mensen die gestorven zijn, en alle mensen die leven, op het moment dat Jezus op de wolken verschijnt. Adam, Mozes, Judas, Nero, Izébel, Hitler, Calvijn en noem maar op. Alle mensen die ooit geleefd hebben, zullen geoordeeld worden. Niet een oordeel zoals wij oordelen, maar een eerlijk en rechtvaardig oordeel.

Wij zitten ook vol oordelen. Oordelen over andere mensen. Zo vaak moeten we bekennen dat we, als we iemand beter leren kennen, onze mening over hem of haar moeten bijstellen. 'Hij is toch best aardig', zeg je dan. Dan heb je dus eerder verkeerd geoordeeld. Jezus heeft gezegd dat dat niet mag. Wij weten nu eenmaal niet alles van die ander. Jezus wel. Daarom is Hij de Enige Die kan en mag oordelen; volkomen eerlijk.

Voor vandaag

Jezus komt terug! Wat een blijde boodschap is dat. Wat waren we blij met Zijn eerste komst. Elk jaar tijdens de kerstdagen denken we eraan. Zelfs de onkerkelijke wereld viert feest: het feest van vrede. Een vrede op deze aarde. Men begrijpt helaas niet dat het niet over een aardse vrede gaat. Daarom ziet men niet de vreugde van de wederkomst van Jezus. Geloof mij maar, dat zal een veel grotere gebeurtenis zijn dan Zijn komst in Bethlehem. Toen kwamen er voor de geboorte van Jezus een aantal schaapherders uit de omgeving en enkele wijzen uit een ver land om Hem te eren. Bij Jezus' terugkomst zullen ze komen van alle windstreken. Dan zal het een enorme zee van mensen zijn, die voor de troon van God zal verschijnen. Al de levende en gestorven kinderen van God zullen dan de eeuwige heerlijkheid mogen binnengaan. Daar mogen ze altijd doen wat ze graag willen: God loven en prijzen vanwege Zijn goedheid, die niet met menselijke woorden uit te spreken is. Gods kinderen verlangen ernaar! Johannes bedoelt dit als hij in Openbaring 22 uitroept: 'Ja, kom, Heere Jezus!' (vers 20) Hij verlangt enorm naar de wederkomst. Als het goed is, verlangt elk kind van God ernaar.

Toch moet ik ook zeggen dat er een andere kant aan de wederkomst van de Heere Jezus is. Voor degenen die hun zonden niet voor het kruis van Jezus hebben neergelegd, zal het iets verschrikkelijks zijn. We komen veel onrecht tegen. Er gebeuren in de wereld verschrikkelijke dingen. Denk aan de holocaust uit de Tweede Wereldoorlog. Ook de mensen die verantwoordelijk waren voor de vernietiging van zo veel mensenlevens, zullen geoordeeld worden. Jezus komt om een rechtvaardig oordeel te vellen over alle mensen.

Je spreekt de geloofsbelijdenis uit en dat is natuurlijk goed, maar als het holle woorden zijn en niet meer, is het niet genoeg. Je gelooft dat de Heere Jezus terugkomt en dat is goed. Dan vraag ik je nu of je kunt zeggen dat Jezus jouw zonden heeft bedekt met Zijn bloed, of staat er nog iets tussen jou en God? Zijn er zonden die niet verzoend zijn? Blijf net zolang bidden tot de Heere die zonden wegneemt. Hij wil het, want het staat in de Bijbel. Hij heeft het gezegd en aangezien Hij niet kan liegen, is het zo. Dat geloof je toch ook?

Vragen

1. Lees 2 Petrus 3:3-10. Er wordt in vers 8 gesproken over één dag als duizend jaar. Wat betekent dat voor het tijdstip van de wederkomst? Wat betekent het voor jou persoonlijk?

2. Waarom zou er in veel reformatorische kerken zo weinig aandacht voor de wederkomst zijn?

3. Bid je zelf weleens (net als Johannes) of de Heere Jezus snel terugkomt? Waarom wel/niet?

4. Jehova's getuigen hebben al verschillende keren de wederkomst voorspeld. Waar in de Bijbel staat dat ze het moment niet kunnen weten?

Artikel 8

Ik geloof in de Heilige Geest.

Peter is blij dat hij met meneer Groot mee mag rijden, nu hij in Breda stage loopt. In de auto hebben ze vaak fijne gesprekken. Hij kijkt erg naar hem op. Meneer Groot neemt deel aan het Avondmaal en denkt diep over de dingen na. Peter zit met best wel wat vragen over het geloof, die hij thuis niet zo goed durft te stellen, maar bij deze man kan hij dat wel. Dat geeft een gouden randje aan deze stage-periode.

Vanmorgen zijn ze aan de late kant en meneer Groot trapt het gaspedaal wat verder in. Het lijkt of hij niet zo'n goed humeur heeft en Peter zegt niet veel. Soms voel je gewoon aan dat woorden even niet verstandig zijn. Op een gegeven moment ziet hij in de achterruit van de zwarte wagen voor hen een rode tekst knipperen. 'Stop Politie', staat er. Meneer Groot slaat met zijn hand op het stuur en mompelt een woord dat verdacht veel op een vloek lijkt. Peter kijkt geschokt naar de man naast hem. Wat zegt hij nu?

Zodra ze aan de kant van de weg staan, komt een agent naar Peters deur gelopen. De agent gebaart dat Peter het raampje open moet doen. Peter gehoorzaamt snel en de agent en meneer Groot bespreken de situatie. Peter valt ondertussen van de ene verbazing in de andere: is dit dezelfde vriendelijke, gelovige man als de man voor wie hij zo veel respect heeft?

Als ze even later verder rijden, kijkt meneer Groot stuurs voor zich uit. 'Sorry dat ik uit mijn slof schoot, maar dit kon ik nu net even niet gebruiken.'

Betekenis

Ik geloof in de Heilige Geest

Dit is een heel kort artikel, maar met een enorm belangrijke inhoud. 'Ik geloof in de Heilige Geest', is gemakkelijk gezegd, maar velen beseffen niet eens wat ze ermee zeggen, namelijk: 'Ik geloof dat de Heilige Geest één is met de Vader en de Zoon.'

In de Griekse tekst van 1 Johannes 5:7 wordt de Heilige Geest *hagion pneuma* genoemd. *Hagion* betekent 'heilige' en *pneuma* 'wind, lucht, geest'. Denk hierbij ook aan wat Jezus tegen Nicodemus zegt: 'De wind blaast, waarheen hij wil, en gij hoort zijn geluid; maar gij weet niet, van waar hij komt, en waar hij heen gaat …' (Joh. 3:8) De Heilige Geest gaat wonen in het hart – in het leven – van de zondaar, waardoor deze met God verzoend wil worden. Wij, zondaren, willen hierdoor dat de relatie met God weer wordt zoals de relatie vóór de zondeval tussen Adam en God was. De Geest laat je zien dat je een zondaar tegenover de heilige God bent. Hij zorgt ervoor dat gewone woorden die je in de Bijbel leest, geestelijke betekenis voor je krijgen. Dat zinnen inhoudsvol worden en troost geven. Je ziet het niet, maar voelt het vanbinnen. Dat geeft troost. Jezus noemt de Heilige Geest dan ook de 'Trooster' (Joh. 14:16 en 26, 15:26, 16:7). Jezus vertelde Zijn discipelen dat Hij van hen weg zou gaan, maar dat Hij hen niet als wezen achter zou laten. Hij beloofde hun een Trooster te sturen; de Heilige Geest.

God vervult het hart van Zijn kinderen met Zijn eigen Geest. De Geest van de Vader en de Zoon woont in het innerlijk van Zijn kinderen. Hij is daar niet een poosje en vertrekt dan weer. Nee, Hij wóónt daar. Hij is daar altijd. Dat kun je, als het goed is, in het leven van een christen zien. De Geest vervult het hele wezen van de mens en laat hem verlangen om met Christus te zijn en Hem te kennen; om Hem niet alleen als Verlosser van de wereld te kennen, maar als persoonlijke Verlosser. De Verlosser Die zijn zonden, die hij tegen de heilige God deed, wegneemt. De Heilige Geest verzekert de zondaar allereerst dat hij zo zondig is dat hij, als hij hierin blijft, schuldig staat tegenover God, de heilige Rechter. Gelukkig doet Hij meer: Hij wijst ook naar Christus Jezus. Hij maakt plaats voor Jezus in het hart van een onwillige zondaar.

Voor vandaag

Een onbekeerd 'kerkmens' heeft, als het goed is, maar één doel in het leven: bekeerd te worden. Als dan de Heilige Geest in hem komt wonen en hem rechtvaardig maakt, is dat doel bereikt. Dan krijgt hij een nieuw doel: God grootmaken. Dat begint hier op de wereld al, niet pas in de hemel. Hier op aarde mag je van Gods volk verwachten dat het Hem eert; door woorden, door doen en door laten. Het volk van God verheerlijkt Zijn grote Naam dus door te leven.

De Heilige Geest Die in je woont, zorgt er bovendien voor dat je steeds heiliger wilt leven. Je zult steeds meer op de Heere Jezus willen lijken. Het dragen van een armbandje met de afkorting 'WWJD' (*What Would Jesus Do*) is mooi, maar het kan zomaar zijn dat je in uiterlijkheden verzandt. Als de Heilige Geest in je woont, heb je een verlangen om de Naam van de Heere groot te maken; om Hem te loven en te prijzen. Dat verlangen zit in je hart. Het doel van je leven wordt te leven zoals God het wil. Je wilt helemaal tot Zijn eer leven. De Geest van God Die in je woont, laat je zien hoe onbelangrijk de wereldse dingen zijn, en hoe belangrijk God is. Je verlangt naar de wederkomst van Jezus op de wolken van de hemel, omdat je dan altijd bij Hem mag zijn, Degene van Wie je het meest houdt. De Heilige Geest verlicht je verstand, wanneer je de preek moeilijk vindt. Op momenten dat je de toekomst somber inziet, kun je alles in de handen van de Geest leggen en bidden om Zijn hulp en nabijheid.

Helaas wordt de Heilige Geest bedroefd door al die kinderen van God die te veel opgaan in het materialisme. Mensen in de gemeente, die geld zo belangrijk vinden dat ze zonder dat hun geweten spreekt ('gewetenloos') Gods heilige geboden overtreden. Die belasting ontduiken, omdat ze meer van geld houden dan van Gods wet. Mensen die hun maatschappelijke status en positie belangrijker vinden dan de eer van hun Heere. Gods Heilige Geest wordt verdrietig van deze personen. Het zorgt voor een arm geestelijk leven waar niemand jaloers op is. Gemeenteleden die opgaan in wereldse dingen en daardoor niet getuigen van de grote God, Die in hun leven gekomen is en hen verlost heeft van hun zonden. Arme mensen! Ze onteren hun Koning en veroorzaken bij zichzelf een schraal geestelijk leven.

Wanneer je vervuld bent van de Heilige Geest van God, kan men dat aan je zien. Paulus beschrijft hoe je er dan uitziet: 'Maar de vrucht des Geestes is liefde, blijdschap, vrede, lankmoedigheid, goedertierenheid, goedheid, geloof, zachtmoedigheid, matigheid.' (Gal. 5:22) Lees ook eens hoe een leven zonder de Geest eruitziet, in Galaten 5:19-21.

Vragen

1. Lees Johannes 3:5-8. Zie je de overeenkomsten tussen de wind en de Heilige Geest? Denk bijvoorbeeld aan 'het zien' en 'het merken'.

2. Wat betekent 'het bedroeven van de Heilige Geest'?

3. Wat is de zonde tegen de Heilige Geest?

4. Waarom wordt de Heilige Geest de 'Trooster' genoemd?

5. Hoe verandert je leven als je vervuld bent van de Heilige Geest?

Artikel 9

Ik geloof één heilige, algemene christelijke Kerk,
de gemeenschap der heiligen ...

'Pap, we zijn nu al drie kerkgebouwen voorbijgefietst. Hoe weten we wat de goede kerk is, dat wij naar de juiste kerk gaan?'

Het is zondagmorgen en Floris fietst samen met zijn vader naar de kerk. Floris denkt er vaak over na: hoe weet je eigenlijk dat jouw eigen kerk de juiste is? In zijn klas zitten ook jongeren uit de kerken die zijn familie nooit bezoekt.

'Wij zitten bij de juiste kerk', zegt zijn vader beslist.

Aan dit antwoord heeft Floris niet zo veel. Hij is erover begonnen, dus hij vindt dat hij gewoon door moet vragen. 'Dat zeggen de mensen uit die andere kerken ook. We zitten zelfs in dezelfde klas!'

'Bij ons wordt de Bijbel op de júíste manier uitgelegd.' Zijn vader klinkt wat geïrriteerd. Kennelijk heeft hij geen zin in gezeur, zo vlak voor de kerkdienst.

'Ik bedoel het niet als een aanval, maar ik wil gewoon graag weten wat het verschil is. Bij de godsdienstlessen zijn we gewoon één klas. Onze leraar is geen lid van onze kerk, maar van de kerk om de hoek. Hij zegt de dingen eigenlijk net als wij.'

'Dat kan ik je allemaal niet zo even op de fiets uitleggen, Floor.'

Ze zijn inmiddels bijna bij de kerk en er lopen en fietsen al meer mensen van hun kerk. Ook komen ze mensen tegen, die naar een van de andere kerken gaan.

'Weet je,' bromt zijn vader, wanneer ze de fietsen in de stalling naast de kerk zetten, 'eigenlijk begrijp ik zelf ook niet goed wat ons van elkaar scheidt.'

Als ze 's avonds in de kamer zitten, komt zijn vader op de vraag terug. 'Floris, het is goed dat je die vraag stelde, vanmorgen. Ik was er eerst niet zo blij mee, omdat ik jouw vraag als kritiek opvatte.' Bedachtzaam pakt zijn vader zijn koffiekopje en draait dat in zijn handen rond. 'Er zijn kerken waar de Waarheid niet wordt gepreekt, maar er zijn ook kerken die zo dicht bij elkaar liggen qua inhoud, dat we eigenlijk één zouden moeten zijn. Het heeft met het verleden te maken. Er zijn dingen gebeurd, die we niet meer terug kunnen draaien, maar die er wel voor gezorgd hebben dat kerken uit elkaar gegroeid zijn. Vaak is er onderling onbegrip en soms zelfs meer dan dat. Eigenlijk is dat heel erg.'

Floris kijkt zijn vader aan. Dit had hij niet verwacht.

Peinzend kijkt zijn vader voor zich uit. 'Jezus zei wel dat we één moesten zijn ...'

Betekenis

Eén heilige, algemene christelijke Kerk

Het werk van de Heilige Geest is onder andere dat Gods kinderen hier op de aarde een eenheid vormen. Allemaal zijn ze kinderen van één Vader. In welk kerkgebouw ze ook zitten, ze vormen samen de algemene christelijke Kerk. Gelukkig beperkt het werk van Gods Heilige Geest zich niet tot één of twee kerkverbanden. Als je dat denkt, doe je Gods werk en Zijn macht tekort. Lees wel goed wat hierboven staat: een heilige Kerk. Helaas is er in de kerken op de aarde veel onheiligheid. Er is zelfs onderling ruzie. De ene kerk die de andere uitmaakt voor valse kerk. Zelfs binnen hetzelfde kerkverband. Laten we niet met elkaar praten over die andere kerken, maar het in ons gebed neerleggen bij de Koning van de Kerk.

We kijken even naar de betekenis van het woord 'heilig'. Het betekent 'apart gezet', 'afgezonderd'. Zoals in het oude Israël de schapen en de bokken uit elkaar gehaald werden en in aparte hokken gingen, zo zit er ook verschil tussen heilige en onheilige 'kerkmensen'. Ze zitten wel samen in een kerk, maar zijn niet gelijk. Hun levensdoel is anders. Van de een is het doel – als het goed is – bekeerd te worden, en van de ander om God te verheerlijken omdat hij bekeerd is. Gods Geest woont in hem. Het geloven in één heilige christelijke Kerk betekent dat ik geloof dat Gods Kerk een eenheid vormt in Christus, de Heere. Alle leden van de Kerk hebben hetzelfde doel voor ogen: God grootmaken en Hem loven en prijzen! Daarin zijn ze één. Ze geloven samen dat God voor hen – Zijn Kerk – zorgt. Hij onderhoudt hen en zal hen straks opnemen in de eeuwige 'kerk' in de hemel.

Gemeenschap der heiligen

Ik geloof dat al die gemeenteleden van het ene Gezin zo veel gemeenschappelijk hebben. Ze willen samen heilig, afgezonderd, leven. Dat betekent niet dat ze zich van de wereldse mensen afzonderen, maar dat ze in hun denken en doen anders leven. Lees in dit verband maar eens wat Jezus zegt in Zijn hogepriesterlijk gebed: 'Ik bid niet, dat Gij hen uit de wereld wegneemt, maar dat Gij hen bewaart van de boze. Zij zijn niet van de wereld, gelijk [zoals] Ik van de wereld niet ben. Heilig ze in Uw waarheid …' (Joh. 17:15-17)

Ze hebben wel een gezamenlijk doel, namelijk de Heere dienen en Zijn Naam grootmaken. Daarmee vinden ze geen aansluiting bij de mensen van deze wereld. In de wereldse omgeving laten ze wel zien dat ze niet beter, maar anders zijn. Hun doel is anders. Jezus geeft aan dat wij lichten moeten zijn in de donkere wereld; dat we het zout van de maatschappij moeten vormen. Ik hoorde eens een voorganger zeggen dat we als zout van grote betekenis voor de samenleving kunnen zijn. Behalve als we als zoutzakken blijven zitten en niet in actie komen. Misschien denk je dat een klein groepje christenen van weinig betekenis kan zijn. Weet je eigenlijk hoe weinig zout er in een brood zit? Ken je de smaak van zoutloos brood?

De gemeenschap van de heiligen vormt één grote familie, die de dingen samen deelt, samen in vrede leeft en alle dingen gemeenschappelijk heeft. Denk bijvoorbeeld aan wat over de eerste christengemeente in de Bijbel staat: 'En allen, die geloofden, waren bijeen, en hadden alle dingen gemeen ...' (Hand. 2:44) Niemand zei: 'Dat is van mij!' Ze zagen dat ze alles wat ze hadden, gekregen of geleend hadden van God. Daarom was alle bezit gemeenschappelijk.

Voor vandaag

Wat zou het geweldig zijn om maar één kerk te hebben. Wel met een heleboel gebouwen, maar toch één. Zo zouden we één in Christus zijn, het Hoofd van Zijn Kerk. Stel je voor: Iedereen denkt gelijk over de doop. Alle dominees preken een ruim aanbod van genade, en vergeving voor de grootste zondaren. We getuigen tegen iedereen die we tegenkomen, hoe goed de Heere voor ons is. Wat zou het geweldig zijn. Helaas zijn we ver bij dat ideaalbeeld vandaan. Ten opzichte van elkaar en ten opzichte van de onkerkelijke wereld, zijn we niet wie we zouden moeten zijn. Dat is niet tot eer van de Koning van die kerken.

Dit negende artikel betekent niet dat wij als christenen allemaal bij elkaar moeten gaan zitten en op een afstandje naar die zondige wereld moeten kijken. Nee, dat betekent het beslist niet! Het betekent wel dat al de kinderen van God tot doel hebben om elkaar te steunen, elkaar te helpen en er voor elkaar te zijn. Om elkaar te scherpen in het geloof. Om samen te praten over hoe goed de Heere voor hen is. Samen hebben ze hetzelfde doel: anderen meekrijgen op weg naar de hemel en God.

Terwijl ik dit opschrijf, moet ik beschaamd mijn hoofd buigen. Wat zijn we hier ver vandaan! Hoe anders zou het moeten zijn in kerkelijk Nederland, binnen mijn kerkverband, binnen mijn gemeente, in mijn eigen leven. De christelijke kerken in ons land zijn helemaal geen eenheid. Hoe kleiner de verschillen, hoe groter de onderlinge afstand, zo lijkt het soms wel. Dit artikel betekent dus in elk geval twee dingen. Ten eerste dat de Kerk van Christus een eenheid vormt; dat we elkaar op z'n minst respecteren. Paulus schrijft aan de gemeente van Rome het volgende: 'Weest eensgezind onder elkander. Staat niet naar de hoge dingen, maar voegt u tot de nederige. Weest niet wijs bij uzelf. Vergeldt niemand kwaad voor kwaad. Draagt zorg voor wat eerbaar is voor alle mensen.' (Rom. 12:16-17) Ten tweede betekent dit artikel dat we om ons heen moeten kijken en zowel licht als zout moeten zijn. Als dat licht te dicht bij elkaar gaat zitten, zit de rest in het donker. Wanneer het zout geen smaak (meer) heeft, is dat niet om jaloers op te worden. Je kunt het vergelijken met het drinken van lauw water. Je spuugt het direct uit. Spuugt 'de wereld' ons zo uit?

Vragen

1. Lees 1 Johannes 4:10-11. Wat kunnen we als christelijke kerken hiervan leren? Zouden we ondanks de verschillen tussen de kerken elkaar toch lief kunnen hebben?

2. Jezus waste de voeten van de discipelen. Hoe kun jij, als christen, dat vandaag de dag vormgeven?

3. De reformatorische christenen wordt wel verweten onverdraagzaam te zijn. Klopt dat? Zo ja, wat moeten we eraan doen?

4. Wat kun je zelf doen om dichter bij andersdenkende christenen te komen?

Artikel 10

... vergeving van de zonden ...

De sfeer is te snijden in de rechtszaal. Er zijn al verschillende nabestaanden aan het woord geweest en de beschuldigde zit daar met een strakke blik, gericht op de plek vanwaar de sprekers hem overladen met oordelen. Hij lijkt onbewogen onder al die verwijten en verwensingen die over hem uitgegoten worden.

De volgende spreker is een vrouw van ongeveer vijftig jaar. Ze loopt met stevige stappen naar het spreekgestoelte en werpt in het voorbijgaan een minachtende blik op Gary. Hij kijkt op zijn beurt met een koude blik naar haar op. Eenmaal aan het woord schildert ze voor het publiek wat de daden van deze Gary betekenen voor haar en haar familie. 'Ik hoop dat hij, om alles wat hij gedaan heeft, lang brandt in de hel', zegt ze ten slotte en ze loopt weer terug naar haar plaats.

Dan staat er een oude man op. Hij wordt aangekondigd als de vader van een van de slachtoffers. Een grote gestalte met witte haren en een witte baard. Hij loopt langzaam naar het spreekgestoelte en schraapt zijn keel. Hij zucht een keer en kijkt naar Gary, die hem strak aankijkt. 'Meneer Ridgway', begint hij. Hij zucht en zoekt naar de juiste woorden.

Iedereen in de zaal kijkt naar hem. De griffier, die met zijn rug naar hem zit, draait zich om. De man gaat eindelijk verder: 'U hebt het mij moeilijk gemaakt, maar ik doe wat Jezus mij geboden heeft. We moeten vergeven, en daarom zeg ik u: ik vergeef u, meneer.'

Op dat moment breekt er iets in de houding van de man die 48 vrouwen vermoordde. Er komen tranen in zijn ogen. Dit raakt hem meer dan alle verwijten en oordelen die er over hem uitgestort werden. In de rechtszaal is het heel stil geworden. Mensen kijken met verbazing en ontzag naar de oude vader. Voor zijn houding is veel genade nodig.

Betekenis

Vergeving van de zonden

De Heilige Geest overtuigt ons van zonde. Hij laat ons zien dat we geen goede relatie met God kunnen hebben, als ons zondige bestaan ertussen zit. God heeft ons als mensen immers goed en heilig geschapen, en Hij kan daar niet zomaar overheen stappen, nu dat door onze schuld anders geworden is. God moet de zonden straffen, omdat Hij rechtvaardig is. Hij is volmaakt liefdevol, maar ook volmaakt eerlijk. Een goede relatie met Hem is dus niet mogelijk zolang zonden in de weg zitten. Het is het werk van de Heilige Geest om ons te overtuigen van zonde, gerechtigheid en oordeel (Joh. 16:8). De Geest laat ons zien dat we zondig zijn en wijst ons erop dat Gods rechtvaardigheid van ons eist dat we heilig zijn en niet zondig. Daarom hebben we de toepassing van de gerechtigheid van Jezus nodig. Door de Geest mogen we weten dat de duivel overwonnen is door Jezus en dat bij Hem de zaligheid te krijgen is, in plaats van het verdiende oordeel. Zonde, gerechtigheid en oordeel.

De vergeving van de zonden, die alleen mogelijk is gemaakt door het lijden en sterven van de grote Middelaar Jezus Christus, staat centraal in dit tiende artikel. Wat is dat een onvoorstelbaar groot wonder! Jezus, de enige Onschuldige, gaf Zijn leven voor mensen die zich elke dag aan overtredingen van de geboden van God schuldig maken. Dat is al begonnen in het paradijs en sinds die dag niet veranderd. Ons verbondshoofd Adam heeft de slang geloofd en gegeten van de vrucht waarvan God hem verboden had te eten. Daarmee kwam hij tegen God in opstand. Hij wilde net zoals God zijn, en dat kan niet. Het maaksel kan toch niet hetzelfde worden als Degene Die hem gemaakt heeft? Zo kan de mens niet net zo worden als zijn Schepper. Dat wilde Adam wel en toen is het fout gegaan. Door zijn daad van ongehoorzaamheid en opstand is de goede relatie met God verstoord. Onze rechtvaardige God moet Zich aan Zijn woord houden. Hij had immers tegen Adam gezegd dat hij de dood zou sterven, op de dag dat hij zou eten van die ene boom.

De Heilige Geest laat ons zien wat dat voor jou en mij persoonlijk betekent: wij zijn schuldig tegenover God. Vanuit onszelf kan het nooit meer goed komen tussen ons en God. Als het daarbij zou blijven, was het een hopeloze zaak. Gelukkig laat de Heilige Geest niet alleen zien dat de relatie met God door onze schuld verbroken is. Hij laat ons ook zien dat er een oplossing is om weer vrede met God te krijgen. We moeten, zoals in de gelijkenis van de verloren zoon, opstaan en teruggaan naar de Vader. Door de toepassing van het bloed van Jezus, de Zaligmaker, wordt de relatie tussen God en mens hersteld.

Je voelt aan wat het verschil is tussen opstand en vrede. Als in een land opstand uitbreekt, is de vrede ver te zoeken. Zo is er ook geen vrede in je hart, in je leven, te vinden, wanneer je in opstand tegen God leeft. De Heilige Geest laat ons dat zien en geeft ons het inzicht dat de relatie met God hersteld is door het geloof in Jezus Christus.

Voor vandaag

Als er geen vergeving van de zonden mogelijk zou zijn, zouden we beter een einde aan ons leven kunnen maken. Dan zou de situatie namelijk hopeloos zijn, omdat we zelf niet zouden kunnen betalen voor onze zonden. Ik besef dat dit erg heftig klinkt, maar gelukkig is er vergeving. Jezus kwam en gaf Zijn leven voor mensen zoals jij en ik. Voor mensen die de relatie met God zelf niet kunnen herstellen. Vanaf onze positie is het namelijk volstrekt onmogelijk om weer in een goede relatie met God te komen. Je kunt het vergelijken met iemand die in de gevangenis zit. De deur zit op slot en je kunt er niet uit. Iemand zal de deur open moeten maken, voordat je naar buiten kunt. Vanuit je eigen positie is het een hopeloze zaak om in vrijheid te leven.

God heeft het echter Zelf mogelijk gemaakt. Direct nadat Adam gezondigd had en wegvluchtte voor Gods majesteit en boosheid over de zonde, zocht God hem op. Hij zocht Adam op! Denk er eens over na wat dit betekent. Niet de zondaar zoekt God op om het weer goed te maken, om zijn schuld te belijden … Gód zoekt de zondaar op, omdat Hij genadig wil zijn. Niet Adam probeerde het weer goed te maken, maar God Zelf. Adam kroop niet naar God toe om te belijden wat hij gedaan had, hij kroop weg. God kwam en riep: 'Adam, waar ben je?' Als God dat niet gedaan had, was de situatie niet veranderd.

Dit is precies wat de Heilige Geest nog steeds doet. Hij roept: 'Waar ben je? Kom, Ik zal je laten zien hoe het weer goed kan komen tussen jou en God.' Hij wijst op de Zaligmaker Jezus Christus en schenkt je (gratis) het geloof en vergeving van zonden. Je kunt trouwens nooit te veel gezondigd hebben. Dat maakt de satan je misschien wel wijs, maar geloof hem niet! Bij God is genade voor iedereen. Wat een heerlijk geloof is dit. Het gaat niet uit van de mens, zoals bij de islam, het hindoeïsme, het boeddhisme of welk geloof ook. Daar moet je zelf dingen doen om de zaligheid te verdienen. In het christelijke geloof komt het allemaal van God.

Vragen

1. Lees Lukas 17:4. Hoe vaak moeten wij elkaar vergeven? Vergelijk je verhouding met je naaste eens met je verhouding tot de Heere. Wat valt je op?

2. Wat zou het moeilijk maken om een ander te vergeven?

3. 'Wie zichzelf kent, is vergevingsgezind.' Wat vind je van deze uitspraak?

4. En wat denk je van deze uitspraak: 'God vergeeft jou niet als jij de ander niet vergeeft'?

Artikel 11

... wederopstanding van het vlees [lichaam] ...

'Dat maak je mij niet wijs, Steven!' Monique kijkt hem een beetje vreemd aan, terwijl ze het zegt.

'Toch is het zo. Anders had het leven voor mij geen enkele zin.'

'Ik begrijp het goed … toch?! Je beweert dat alle mensen die gestorven zijn, eenmaal weer levend zullen worden.'

'Dat is inderdaad precies wat ik geloof.' Steven roert in zijn soep en kan best begrijpen dat Monique er niets van begrijpt. Het klinkt inderdaad heel bizar. Toch geeft juist die wetenschap hem houvast in zijn geloof. Hij moet denken aan de woorden van Paulus: 'Indien wij alleen in dit leven op Christus zijn hopende, zo zijn wij de ellendigste van alle mensen.' Zo staat het in 1 Korinthe 15:19.

'Steven! Doe even normaal, wil je?' Monique is iemand met wie hij goed op kan schieten, maar van geloofszaken weet ze helemaal niets. 'Mensen die in zee verdronken zijn en door haaien opgegeten, of mensen die zich laten cremeren. Of, erger nog, al die mensen die begraven zijn en inmiddels helemaal verteerd zijn … Zij worden allemaal weer levend?' Ze kijkt hem een beetje meewarig aan. 'Je hebt toch wel een normaal werkend verstand?'

Steven eet rustig wat soep en begint dan te praten. 'Kijk, met het christelijke geloof is het zo dat je niet alles kunt begrijpen, ondanks dat je het wel gelooft. Ik geloof dat God de wereld gemaakt heeft. Dat weet je ...'

'Ja, ook al zo bizar!'

'Als God alles maakte, zou het dan moeilijk voor Hem zijn om lichamen die vergaan zijn, weer levend te maken?'

'Ík heb nog nooit iemand gezien die dood geweest is en weer levend werd.'

'Dat zul je waarschijnlijk ook nooit zien.'

'Hè, hè, eindelijk breekt het verstand door.'

'Je zult het misschien in dit leven niet zien, maar als Jezus terugkomt, zal iedereen Hem zien. Alle mensen die dan leven, maar ook alle mensen die in alle eeuwen gestorven zijn.'

'Sorry, Steven, maar ik kan niet begrijpen dat een weldenkend mens dit gelooft.'

'Klopt,' zegt Steven, 'dit gaat ons verstand te boven.'

Betekenis

Wederopstanding van het vlees

In 1 Korinthe 15:12-19 legt Paulus precies uit waarom de opstanding van het vlees (het lichaam) zo belangrijk is. Ik geef het gedeelte weer in mijn woorden: Als gepreekt wordt dat Christus uit de dood is opgestaan, hoe kunnen dan mensen zeggen dat er geen opstanding is? Want als de doden niet opstaan, is Christus ook niet opgestaan. En als dat zo is, dan kunnen we wel stoppen met preken. Dan zijn onze preken leeg en jullie geloof ook. In dat geval zijn ook alle mensen verloren, die in het geloof in de Heere Christus gestorven zijn. Als we alleen voor dit leven in de Heere Jezus geloven, zijn we maar ellendige mensen.

Er is dus zeker een hiernamaals, waarin iedereen weer levend zal worden. Alle mensen die ooit geleefd hebben, zullen voor de grote Rechter verschijnen. Dan worden de schapen van de bokken gescheiden (Matth. 25:32-33). Vanaf dat moment zullen degenen die in Jezus geloven en geloofd hebben, altijd bij Hem mogen zijn, want Hij heeft hun zonden afgewassen met Zijn eigen bloed.

Er wordt in dit verband vaak gevraagd hoe dat dan zal zijn: Hoe zal ons lichaam zijn? Zullen we überhaupt wel lichamen hebben, of zullen er alleen nog maar geesten zijn, zoals de engelen in de hemel? We weten er niet zo veel van. Paulus schrijft in hetzelfde hoofdstuk in Korinthe het volgende: 'Maar, zal iemand zeggen: Hoe zullen de doden opgewekt worden, en met wat voor lichaam zullen zij komen?' (vers 35) Paulus noemt zo'n vraagsteller 'dwaas'. 'Gij dwaas, hetgeen gij zaait, wordt niet levend, tenzij dat het gestorven is …' (vers 36) Kijk naar het graan. Je stopt een dode graankorrel in de grond en er komt een plant boven. Hij bedoelt dat wat je in de grond stopt, niet gelijk is aan wat er uiteindelijk groeit. Zo zal het ook in de opstanding zijn: niet een aards lichaam zal opstaan, maar een hemels. Er wordt een lichaam 'gezaaid' dat vergaat, maar er zal een lichaam opstaan dat nooit meer vergaat.

Voor vandaag

Het geeft troost dat er een opstanding uit de doden is. Althans voor degenen die van Jezus houden. Voor hen zal er een geweldig mooie toekomst aanbreken. Ik schrijf bewust 'toekomst', omdat ik niet weet of het begrip 'tijd' er nog wel zal zijn in het hiernamaals.

Met de kosmos schiep God ook de tijd. We weten gewoon niet hoe het zonder tijd eruit zal zien. In Openbaring 10:6 staat: 'En hij zwoer bij Hem, Die leeft in alle eeuwigheid (...) dat er geen tijd meer zal zijn ...'

Een andere vraag die in verband met de opstanding van de doden regelmatig gesteld wordt: zal er herkenning zijn in de hemel? Zullen we onze ouders, broers en zussen, vriend of vriendin in de hemel herkennen? Stel dat het antwoord 'ja' is; wat wil je er dan mee? Zou dat de hemel voor jou aantrekkelijker maken? Dan vind ik dat verlangen wel bedenkelijk. In de hemel gaat het om God; om de verheerlijking van Hem. Bedenk ook even het volgende: als er inderdaad herkenning is en je ziet jouw ouders nergens, dan zou dat betekenen dat je daar verdrietig om zou worden. Dat kan niet, want in de hemel is er geen verdriet.

Ik denk dat we deze dilemma's gewoon moeten laten rusten. Er is veel over geschreven door diverse theologen, maar uiteindelijk moeten we constateren dat in de Bijbel niets over deze kwesties staat genoemd. De geopenbaarde dingen zijn voor ons, mensen, maar de verborgen dingen zijn van God. Daar moeten we maar afblijven. Eens zullen we het weten en dan maakt het niet meer uit. Voor vandaag houden we eraan vast dat er een opstanding uit de dood is. Dat is helemaal genoeg.

Vragen

1. Lees Johannes 11:23-26. Wat betekenen deze woorden van Jezus voor jouw persoonlijke geloof?

2. Veel mensen zeggen tegenwoordig 'dood is dood'. Kun je argumenten bedenken waarom die uitspraak onjuist is?

3. Ben je blij dat er een opstanding is? Waarom wel/niet?

4. Moderne theologen zeggen dat Jezus niet is opgestaan. Ken jij een bijbels bewijs van de opstanding? (Denk aan een brief van Paulus.)

Artikel 12

... en een eeuwig leven.

Hoe de hemel eruitziet? We weten het niet precies, maar er staat wel wat over in de Bijbel. Jesaja lijkt even in de eeuwigheid te kijken en schrijft zijn bevindingen voor ons op. Hij ziet iets wat hij zich tot dan toe niet voor kon stellen.

Daar ligt een wolf in de zon en naast hem staat een jong lammetje. Verderop ziet hij een gevaarlijk luipaard staan naast een geitje. Normaal gesproken zou het geitje weggerend zijn en al snel door het luipaard zijn ingehaald en verscheurd. Nu lijken ze het samen goed te kunnen vinden. Er loopt ook een kleine jongen met zijn staf bij een jonge leeuw en een kalfje. Een koe ligt met haar kalfjes naast een berin met haar jongen. Kijk daar eens: het kleine zusje van de jongen zit rustig bij het nest van een gifslang, en haar broertje – die nog niet kan lopen – zit met een adder te spelen!

Alles wat onmogelijk is op aarde, ziet Jesaja gebeuren. Verdriet en pijn zijn er niet. Iedereen die hij ziet, is vol van kennis over God. Zo vol dat de hele aarde vervuld lijkt.

Johannes ziet nog meer dan Jesaja. Hij ziet dat Jezus met een liefdevol gebaar de tranen droogt van de mensen die het op aarde zo moeilijk hadden. Hij ziet straten van goud en een grote menigte die hij niet kan tellen. De menigte staat bij een kristalheldere zee. Hij hoort de mensen zingen:

De Heere is mijn Sterkte en mijn Lied,
Hij is mij tot een Heil geweest.
Mijn God, ik zal Hem eeuwig roemen!
De God van mijn voorgeslacht,
ik zal Hem eeuwig verhogen!
(Naar het lied van Mozes, Exodus 15)

Betekenis

En een eeuwig leven

Omdat er een opstanding uit de doden is, is er een leven na dit leven. Ik geloof in een eeuwig leven. Twee woorden: 'eeuwig' en 'leven'.

'Eeuwig' betekent dat het nooit meer ophoudt. Er komt dus geen einde aan. Verouderen de dingen dan niet meer? Nee. Zal het dan net zo zijn als in het paradijs? Nee, ook niet. Er zal namelijk geen proefgebod meer zijn. Adam en Eva kónden in zonde vallen. Ze hoefden niet van die boom te eten, waarvan

God verboden had ervan te eten. Zoiets zal er in de eeuwige heerlijkheid niet meer zijn. God zal alles zijn en in allen. Dat betekent dat Gods kinderen zich nooit meer eenzaam zullen voelen: God is in hen. Er zijn bijbelteksten te over, die aantonen dat er een eeuwigheid zal aanbreken. Aanbreken? Eigenlijk zijn Gods kinderen al aan die eeuwigheid begonnen. Hoe dan? Welnu, er zijn drie soorten dood: de geestelijke dood, de tijdelijke dood en de eeuwige dood. Zo zijn er ook drie soorten leven: geestelijk, tijdelijk en eeuwig.

Adam leefde in een goede verhouding met God. Doordat hij echter van de vrucht at, stierf hij de geestelijke dood. God had namelijk gezegd: '... want ten dage, als gij daarvan eet, zult gij de dood sterven.' (Gen. 2:17) Hij stierf dus de geestelijke dood. Zijn lichaam bleef nog dik negenhonderd jaar leven. Hij had met het eten van die vrucht dus het geestelijke leven verspeeld. Daarom zijn alle mensen na Adam ook geestelijk dood (Ef. 2:1). Dat betekent dat wij niet meer in een goede verhouding met God leven. Als de Heere Zijn volk van dood levend maakt, schenkt Hij hun het eeuwige leven. Vanaf dat moment kunnen Gods kinderen niet meer verloren gaan. 'Verloren gaan' is de eeuwige dood.

Leven betekent dat er activiteit in de hemel is. De activiteit waarvoor God de mens eenmaal schiep: tot eer van Hem leven. Het doel van de mens is om eeuwig te leven en zijn Schepper te eren. Adam had genoeg reden om zijn Schepper te eren, te loven en te prijzen. Hij leefde in een volmaakte verhouding met God. Alles was goed. Hij leefde zoals God zijn leven bedoeld had. Voor Gods kinderen die van dood levend geworden zijn, is er des te meer reden om God te loven. Adam loofde God omdat God hem geschapen had. Degenen die door het bloed van Jezus gekocht zijn, zijn ook door God geschapen, maar er is meer: zij zijn van dood levend geworden. Daarom hebben zij meer reden om God groot te maken. Hij is namelijk niet alleen hun Schepper, maar ook hun 'Herschepper'. Hij zorgde niet alleen dat het goed was, maar ook dat het na de zondeval opnieuw goed werd. Adam had meer reden om God groot te maken nádat God hem opzocht, dan vóór zijn vallen in de zonde.

Het eeuwige leven dat hier voor Gods kinderen al begint, is een leven vol activiteit. Je wordt er in de hemel alleen niet moe van. Vermoeidheid zal immers niet meer bestaan. Hoe dat leven in de hemel er verder precies uit gaat zien? Wij weten het niet. Wat gaan we doen? Zijn er activiteiten zoals hier op de aarde? De Bijbel zegt daar niet veel over. Ethan zingt in Psalm 89: 'Ik zal de goedertierenheden des HEEREN eeuwig zingen ...' (vers 2) Daarmee begon hij hier op de aarde en daarmee gaat hij eeuwig door. Ik hoop van harte dat we samen zullen zien hoe het in de hemel, bij God, is!

Voor vandaag

Nu je het voorgaande hebt gelezen, heb je er dan al zin in? Verlang je naar de Heere Jezus in de hemel? Veel mensen willen graag naar de hemel, omdat ze niet naar de hel willen. Wie wil er immers straf? Daarom begrijp ik best dat mensen zo denken. Is dat echter wel de juiste beweegreden? Er zijn ook mensen die verlost willen worden van alle ellende in deze wereld; verdriet, pijn, eenzaamheid ... Er zijn dus een heleboel mensen die graag naar de hemel willen, maar – zoals ik al eerder zei – als je Jezus niet kent, heb je er niets te zoeken.

Voor Gods kinderen is het echter anders. Stel je eens voor dat je altijd mag doen waar je hart naar uitgaat: God grootmaken, omdat je zo veel liefde voor Hem voelt. Ouders zeiden vroeger weleens tegen hun kinderen, wanneer ze uitlegden wat de hemelse heerlijkheid inhield, dat het daar altijd 'kerk' zou zijn. Ik kan mij zo voorstellen dat je als jongere een kerkdienst van anderhalf uur tamelijk lang vindt duren. Zeker als je er maar weinig van begrijpt. En dan eeuwig! Daarmee maak je als ouders de hemel dus niet erg aantrekkelijk. Daarom denk ik niet dat dat een goede vergelijking is om mee aan te komen. De hemelse heerlijkheid is aantrekkelijk, omdat God er is; omdat Gods kinderen eindelijk thuiskomen bij hun hemelse Vader. Ze hoeven dan nooit meer weg. Veilig in Gods armen. Volgens mij is dit wat jongeren voorgehouden moet worden. Iedereen wil geborgenheid en zich veilig weten.

Geloofd zij God voor de geweldige toekomst die er

wacht voor Zijn kinderen. De eeuwigheid is lang genoeg om Zijn grote Naam te loven en te prijzen. Van nu aan tot in eeuwigheid!

In het laatste hoofdstuk van Openbaring staat hoe het in de hemel zal zijn. In mijn eigen woorden (vers 3-5): Er zal geen vervloeking meer tegen iemand zijn. De troon van God en van het Lam zal daar zijn en Zijn dienaren zullen Hem dienen. Ze zullen Hem zien en Zijn Naam zal op hun voorhoofd staan. Er zal geen nacht meer zijn, zodat ze geen lamp of zon nodig zullen hebben, want de Heere God is hun Licht en ze zullen zoals koningen in alle eeuwigheid heersen.

'Daarom verwachten wij die grote dag met een groot verlangen, om ten volle te genieten de beloften van God, in Jezus Christus, onze Heere.'[2]

---

2. Artikel 37 van de Nederlandse Geloofsbelijdenis.

Vragen

1. Lees Openbaring 4:8. Hoe was Jezus in het verleden, hoe is Hij in het heden en hoe zal Hij zijn in de eeuwigheid? Leg de verschillen uit.

2. Paulus schrijft in 1 Korinthe 8:13 over eeuwigheid. Hoe bedoelt hij dat begrip in die tekst?

3. Verlang jij naar de eeuwigheid? Waarom wel/niet? Hoe kleurt dit jouw leven?

Nawoord

Schrijvend aan dit boekje raakte ik meer en meer onder de indruk van de grote betekenis en inhoud van de Twaalf Artikelen. Wat zijn we rijk met deze belijdenis. Van harte hoop ik dat we er samen meer uit zullen leven. Dat we als christenen meer en meer geloof mogen ontvangen van de grote en heilige God in de hemel, Die alles maakte en al zesduizend jaar onderhoudt. De God tegen Wie wij zondigden, maar Die Zijn Zoon stuurde om onze zonden weg te nemen, en elke dag Zijn ogen in liefde op ons laat rusten en bidt voor allen die Zijn verschijnen op deze wereld in liefde hebben omhelsd.

Geloofd zij God met diepst ontzag!
Hij overlaadt ons, dag aan dag,
met Zijne gunstbewijzen.
Die God is onze zaligheid;
wie zou die hoogste Majesteit
dan niet met eerbied prijzen?

Die God is ons een God van heil;
Hij schenkt, uit goedheid, zonder peil,
ons 't eeuwig, zalig leven;
Hij kan, én wil, én zal in nood,
zelfs bij het naad'ren van den dood,
volkomen uitkomst geven.
(Ps. 68:10, berijmd)

Wil je doorpraten over iets wat in dit boekje staat, of heb je er vragen over, stuur gerust een mailtje naar geefmijgeloof@gmail.com. Op de website van ABC van het geloof (abcvanhetgeloof.nl) zijn onderwerpen te beluisteren of te lezen, die nauw aansluiten bij wat in dit boekje en in mijn vorige boekje – *Leer mij Uw weg* – van Uitgeverij Groen te lezen is (zie ook: uitgeverijgroen.nl).